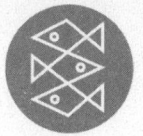

»*Damit ich den Sinn des Lebens ganz verstehe, musste ich im Rollstuhl landen. Ich würde mir wünschen, wieder unversehrt zu sein, aber nur unter der Bedingung, den neuen Blick auf das Leben zu behalten.*« Philippe Pozzo di Borgo

Jeder von uns ist verletzlicher und zugleich stärker, als er es vielleicht selbst vermutet. Eindrücklich plädiert Philippe Pozzo di Borgo, Autor von ›Ziemlich beste Freunde‹, dafür, diese Erkenntnis zur Grundlage eines neuen Gesellschaftsentwurfs zu machen, in dem nicht nur Fitness und Leistung zählen. Nur wenn wir bereit sind, den tieferen Sinn von Brüderlichkeit wiederzuentdecken, vermag unsere Gesellschaft menschlicher zu werden. Ein ebenso warmer wie entschiedener Text, der aufrüttelt.

Philippe Pozzo di Borgo, Jahrgang 1951, war jahrelang Geschäftsführer der Firma Champagnes Pommery. Seit 1993 ist er infolge eines schweren Gleitschirmunfalls querschnittsgelähmt. Seine Autobiographie ›Ziemlich beste Freunde‹ wurde 2011 verfilmt und zu einem internationalen Erfolg. Philippe Pozzo di Borgo lebt mit seiner zweiten Frau und zwei Töchtern in Marokko. Bei Fischer Taschenbuch liegt vor: ›Ziemlich beste Freunde‹ (Bd. 19603).

Weitere Informationen, auch zu E-Book-Ausgaben, finden Sie bei www.fischerverlage.de

Philippe Pozzo di Borgo
Jean Vanier
Laurent de Cherisey

ZIEMLICH VERLETZLICH,
ZIEMLICH STARK

Wege zu einer solidarischen Gesellschaft

Mit einem Gespräch zwischen
Elisabeth von Thadden und Philippe Pozzo di Borgo

Aus dem Französischen von Bettina Bach

FISCHER Taschenbuch

Erschienen bei FISCHER Taschenbuch
Frankfurt am Main, Mai 2014

Die Originalausgabe erschien 2012 unter dem Titel
›Tous Intouchables‹ bei Bayard in Paris
Für die deutsche Ausgabe:
© Hanser Berlin im Carl Hanser Verlag, München 2012
Lizenzausgabe mit freundlicher Genehmigung des
Carl Hanser Verlags, München
Für das Gespräch © Elisabeth von Thadden
Für das Nachwort © Aktion Mensch
Für den zusätzlichen Text ›Auf dass es weitergehe‹
© Philippe Pozzo di Borgo, Übersetzung © Bettina Bach
Satz: Greiner & Reichel, Köln
Druck und Bindung: CPI – Clausen & Bosse, Leck
Printed in Germany
ISBN 978-3-596-19803-0

INHALT

Anhang – Wenn Sie weiter gehen möchten

DIE HÖLLE SIND DIE ANDEREN? DAS IST BULLSHIT!

Philippe Pozzo di Borgo und Elisabeth von Thadden im Gespräch über die Brüderlichkeit, einen besonderen Großvater und die Angst unserer hochbeschleunigten Gesellschaft, der Schwäche ins Gesicht zu sehen.

Elisabeth von Thadden: Haben Sie wahrgenommen, wie die Menschen gestern an ihren Fenstern standen, um Sie zu sehen?

Philippe Pozzo di Borgo: Vielleicht war es ein Altersheim, an dem wir vorbeigefahren sind?

EvT: Keineswegs. Es waren die Leute, die mitten im Leben stehen, wie man so sagt. Die Leute scheinen auf Sie zu warten, oder? Wie hat sich durch den Film Ihr Alltag verändert?

PdB: Wirklich bequem ist er nicht geworden, zugegeben. Vor allem aber bekomme ich, seitdem die Mail-Adresse in meinem Buch *Intouchables, Ziemlich beste Freunde,* stand, Abertausende von Mails, in allerhand Sprachen, die man mit Google-Übersetzungen höchstens annäherungsweise verstehen kann, und also verbringe ich seit einem Jahr täglich fünf bis sechs Stunden damit, diese Post zu verstehen und zu beantworten. Die Lektüre ist schmerzhaft. Was für ein Elend sich in diesen Briefen zeigt! Alles Unglück der Welt landet plötzlich auf meinem Bildschirm. Darauf war ich nicht vorbereitet. Ich bin kein Weiser, ich bin nicht religiös. Die Unermesslichkeit der Verzweiflung, die mich erreicht, hat mich überwältigt.

EvT: Aber Sie antworten jedem?

PdB: Was sonst? Anders geht es nicht.

EvT: Welches Bild unserer Gesellschaft tritt Ihnen aus diesen Mails entgegen?

PdB: Es klafft ein Abgrund zwischen den Anforderungen der Gesellschaft und dem, was sich in den Menschen zuträgt. Sie fühlen sich abgehängt, ausgeschieden, zerstört, beladen, gejagt, sie sind voller Scham und Angst, weil sie nicht leisten können, was man von ihnen verlangt, als Arbeitnehmer, als Familienväter, als Migranten oder Arbeitslose, es sind alle Lebenssituationen dabei, ob mit körperlicher Behinderung oder nicht. Wir haben eben alle ein Handicap, sei es nun körperlich, seelisch oder sozial. Übrigens wenden sich auch viele Tetraplegiker an mich, die gelähmt sind, weil sie sich aus dem Fenster gestürzt haben, und nun schreiben sie: »Ich hab's nicht hingekriegt, auch das nicht.« All diese Mails belegen ein massenhaftes Gefühl des Scheiterns. Auch deshalb würde ich mein erstes Buch nicht ausgerechnet als Erfolg bezeichnen. Wir sind als Gesellschaft in einer Sackgasse gelandet.

EvT: Ihr jüngstes Manifest *Ziemlich verletzlich, ziemlich stark*, das jetzt erscheint, will nun bei diesem Scheitern nicht stehenbleiben. Aus Zweckoptimismus?

PdB: Nein, sondern weil ich davon überzeugt bin, dass man es besser machen kann. Es liegt ein Wunsch nach Veränderung in der Luft. Die Depression war lange allgegenwärtig. Aber man kann die Natur des Menschen und die Anforderungen der westlichen Wohlstandsgesellschaften besser in Einklang bringen. Die Menschen wollen ein sinnvolles Leben führen, sie wollen sich nicht fortgesetzt drängen und hetzen lassen. Jeder weiß oder ahnt doch zumindest, dass die menschliche Existenz zerbrechlich ist. Man glaubt nicht mehr an das Trugbild des ewig jungen und starken schönen Menschen. Die Zerbrechlichkeit muss wieder von den Rändern ins Zentrum der Gesellschaft rücken, wie es etwa die Organisation Simon de Cyrène an vielen Orten tut, für die ich auch arbeite. In Paris, mitten in der Stadt, hat das neue Zentrum für Schädelverletzungen einfach seine Türen geöffnet, und diese Kranken können einen wirklich tief erschrecken. Erst kam kaum einer, inzwischen herrscht reger Besuch, die Leute kommen auf einen Kaffee, eine Mahlzeit. Die Angst vor der eigenen Zerbrechlichkeit ist groß, aber das muss nicht so bleiben, wenn wir das Risiko eingehen, uns füreinander zu öffnen. Nicht aus Mitleid. Aus Respekt und Interesse.

EvT: Im Mittelpunkt des neuen Buchs steht das Wort Brüderlichkeit. Sie sagen, in der Brüderlichkeit liege der einzige Weg, einen tieferen Sinn des Lebens zu finden.

PdB: Unser gegenwärtiges Gesellschaftssystem beruht auf der Befriedigung aller individuellen Bedürfnisse. Das ist ein System ohne Sinn und Verstand. Das kapitalistische Wirtschaftssystem will die egoistische Befriedigung optimieren und behauptet, erst dann sei man glücklich – was für ein Unfug. Dieser Polysensualismus, der jeden Wunsch befriedigen will, ist schlicht verrückt. Mit Glück hat das nichts zu tun. Das System ist völlig überhitzt und überdreht. Als ich vor zwanzig Jahren lernen musste, mit der Schwerstbehinderung zu leben, merkte ich irgendwann, dass es nichts Elementareres gibt, als ein menschliches Gegenüber zu haben. Die

Einsamkeit in unseren individualistischen Gesellschaften ist das Schlimmste.

EvT: Nicht die Brüderlichkeit, sondern die Autonomie gilt als das kostbarste Gut des modernen Menschen in diesen individualistischen Gesellschaften. Was bedeutet sie Ihnen?

PdB: Autonom zu sein macht einen auch einsam und hilflos. Insofern halte ich die Autonomie für eine Absurdität. Wenn man, wie ich, durch die körperliche Unbeweglichkeit an der üblichen Selbstbestimmung gehindert ist, merkt man: Das Glück besteht im Austausch mit dem anderen Menschen.

EvT: Jean-Paul Sartre wäre nicht einverstanden mit Ihnen, er sagte, die Hölle, das seien die anderen.

PdB: Das ist Bullshit. Ich habe Sartre als junger Mensch lange geschätzt. Aber das hat sich geändert. Ich lese lieber Camus. Er hat verstanden, dass sich die Absurdität unserer modernen Existenz erst ändert, wenn man die Würde sozial herstellt. Die Würde verwirklicht sich erst im Teilen mit anderen.

EvT: Die moderne Gesellschaft bietet mit der Einsetzung individueller Rechte aber auch Schutz vor Gewalt.

PdB: Gewiss. Diese Qualität der Moderne muss geschützt werden. Aber die Bereitschaft der Menschen, einander beizustehen, muss desgleichen geschützt werden. Man fühlt sich auf Dauer nicht wohl dabei, anderen etwas mit Gewalt wegzunehmen, das einem nicht zusteht.

EvT: Gewalt gibt es allerdings auch unter Brüdern, und ein Gesetz, das ihnen übergeordnet ist, kann nicht schaden: Kain hat Abel brüderlich den Schädel eingeschlagen.

PdB: Die beiden waren Brüder, aber nicht brüderlich. Brüderlichkeit bedeutet Respekt vor dem anderen Menschen.

EvT: Sind Ihnen die Freiheit und die Gleichheit, die beiden anderen der drei idealen Schwestern der Französischen Revolution, nicht so wichtig?

PdB: An Freiheit fehlt es in unseren liberalen Gesellschaften nicht, sie bahnt sich ihren Weg überallhin, sie braucht meine Unterstützung nicht. Und die Gleichheit: Wenn man so verschieden, so anders ist, wie ich es bin, geht einem vielleicht der Sinn für Gleichheit ein wenig verloren. Ich finde es sinnvoller, aus den Verschiedenheiten der Menschen den gesellschaftlichen Reichtum zu gewinnen.

EvT: Brüderlichkeit, sagen Sie, sei der einzige Reichtum, für den es zu kämpfen lohnt. Was soll das für ein Reichtum sein? Wir sind an anderen Wohlstand gewöhnt.

PdB: Ich sitze hier vor Ihnen wie eine Karikatur des Bedürfnisses nach Brüderlichkeit. In totaler Abhängigkeit von anderen. Wenn Sie mir helfen – und es geht ja gar nicht anders –, gebe ich Ihnen dafür vielleicht die Erfahrung von etwas Sinn, eine Öffnung zu etwas Neuem, zu einem anderen Blick auf den Menschen, zum Umgang mit der eigenen Angst. Ich wünsche den Menschen eine Abhängigkeit in aller Freundlichkeit, denn wir können ja auf freundliche Weise voneinander abhängen, nicht bloß gewaltsam. Es gibt kein Geben ohne Nehmen.

EvT: Man würde sich freiwillig in Abhängigkeit begeben?

PdB: Aus gesundem Menschenverstand. Die Alternative heißt Gleichgültigkeit. Sie führt in die Einsamkeit und kann jeden erwischen. Die Menschen wollen die Antagonismen nicht mehr. Eine Studie hat vor kurzem gezeigt: Zwei Drittel der Franzosen wollen heute eine Versöhnung der Gegensätze, es soll Schluss sein mit den dauernden Konflikten. Die Politik hat das noch nicht verstanden.

EvT: Dann hätte also Karl Marx geirrt, als er sagte, die Brüderlichkeit sei ein Trug, sie werde doch bloß beschworen, um unhaltbare Klassengegensätze zu übertünchen? So dass es Brüderlichkeit für die armen Teufel gebe, Geld hingegen für die anderen, die ohnehin fein raus sind.

PdB: Der gute Marx! Nett, dass Sie an ihn erinnern. Nein, er irrt nicht. Er hat ja ganz recht. Die Sache funktioniert nur, wenn angemessen geteilt wird, sonst ist Brüderlichkeit eine Chimäre. Aber Marx ist für mich doch wie ein ferner Gefährte aus meinem früheren Leben. Ich würde heute sagen, die wirtschaftliche Effizienz muss sich mit der Freundlichkeit versöhnen. Wie das im Einzelnen geht: Das wäre das nächste Buch, das zu schreiben wäre. Zuerst einmal aber soll der Wunsch danach in die Welt, der Widerstand. Es ist doch wichtig, sich zu widersetzen, oder?

EvT: Ein Großvater von Ihnen war im Widerstand gegen die Nazis, der Champagner-Magnat Robert-Jean de Vogüé. Sie betrachten ihn, wie Sie einmal geschrieben haben, als Ihr Vorbild, sein Buch *Alerte aux patrons* (dt.: *Chefalarm*) ist unverändert Ihre Lieblingslektüre. Leider kann man das Buch nicht mehr bekommen, was steht denn drin, das heute für die Erneuerung der Gesellschaft von Belang ist?

PdB: Mein Großvater wurde 1943 verhaftet, zum Tode verurteilt und ins Konzentrationslager Ziegenhain gebracht, in einer dieser geheimen sogenannten Nacht-und-Nebel-Aktionen, bei denen politische Gegner der Nazis spurlos verschwanden und dann auf die Hinrichtung warteten. Mein Großvater wollte eben einige der Dinge nicht tun, die die deutschen Besatzer von ihm erwarteten. Er wurde gemeinsam mit dem Chef der kommunistischen Gewerkschaft CGT deportiert, den er gut kannte, und die beiden haben in der Gefangenschaft einen Pakt geschlossen, mit dem das Buch meines Großvaters beginnt: Wenn wir lebend zurückkommen, begründen wir ein Sozialsystem, das sich aus den Ideen des Widerstands nährt, des *Programme du Conseil national de la Résistance.* In den Unternehmen sollten die Arbeiter an den Entscheidungen und an den Gewinnen teilhaben, die Unternehmensführung sollte sich mit den Gewerkschaften einigen, die Unternehmerherrschaft von Gottes Gnaden sollte zu Ende sein. Ein Konsensmodell, ähnlich dem deutschen.

EvT: Ihr Großvater hat es in seinem eigenen Unternehmen realisiert?

PdB: Sofort nach der Rückkehr. Man sollte sich das nicht als Kleinigkeit vorstellen: Noch eine Generation zuvor waren Hungeraufstände der Winzer in der Champagne durch das Militär niedergeschlagen worden, die von den Eigentümern gerufen worden waren. Ein mächtiges Großbürgertum hatte den Weinbau beherrscht, die Arbeiter verdienten wenig. Nach 1945 hat mein Großvater in seinem Unternehmen die Mitbestimmung eingeführt und verfügt, dass die Champagner-Häuser mit den Winzern zusammen jedes Jahr einen garantierten Preis für das Kilo Weintrauben aushandeln mussten. Dieses neue Unternehmensmodell und die Organisation der Champagnerindustrie haben aus dem Unternehmen meines Großvaters innerhalb einer Generation die weltweit erfolgreichste Luxusmarke und aus der Champagne die reichste Region Frankreichs gemacht. Die gesamte Champagne blühte auf, jeder hatte teil am Reichtum. Einfach, weil man sich verständigen und einigen musste.

EvT: Einfach? Das klingt revolutionär.

PdB: Nein, auch dies war eine Frage des gesunden Menschenverstands. Im Grunde rein pragmatisch. Qualität entsteht nur so. Sogar vernünftige Marktpreise entstehen nur auf diesem Wege: durch sozialen Frieden, durch die Einigung aller Beteiligten.

EvT: Haben Sie Ihren Großvater noch gut gekannt?

PdB: Wir waren uns sehr nah. Er konnte mit mir viel anfangen, weil ich der antibürgerliche Rebell unter seinen Enkelkindern war. Seit ich 16 Jahre alt war, habe ich die Wochenenden bei ihm verbracht, wir haben immerzu über Politik geredet. Er war ein religiöser Mensch, das bin ich nicht …

EvT: … als Sie das vorhin sagten, wollte ich Sie nicht unterbrechen, aber jetzt frage ich doch nach: Sie sind nicht religiös, nie gewesen?

PdB: Nein. Ich bin nicht gläubig. Für mich gibt es Gott nicht, es gab ihn nie. Aber mein Großvater war ein Christ mit einem starken Glauben, er wollte die Botschaft Christi in der Gesellschaft verankern. Er war ein Mensch der Tat, des Glaubens und des Geistes. Diese Mischung hat mich sehr beeindruckt, denn für mich waren das unüberbrückbare Widersprüche.

EvT: Und wenn Sie an den biblischen Gott nicht glauben, was ist mit jenem Jesus, auf den Ihr Großvater setzte?

PdB: Das ist etwas anderes. Ich bin ein großer Anhänger von Jesus. Was für ein Mensch! Er hat alles Bestehende umgekehrt, bis zu seinem eigenen Ende. Seine Botschaft der Güte, der Großzügigkeit, des Erbarmens ist unübertroffen. Dagegen ist der gute Karl Marx nur ein Winzling. Aber ich möchte Ihnen die Geschichte vom Buch meines Großvaters fertig erzählen. Er hat dieses Buch seinen Enkeln gewidmet: auf dass es weitergehe. Er meinte damit, dass wir das Handeln als soziale Unternehmer und Bürger fortsetzen sollten. Ich habe für mein erstes Buch auch diese Widmung gewählt: auf dass es weitergehe, im Sinne einer solidarischen Gesellschaft.

EvT: Was heißt es für Sie, heute im Sinne Ihres Großvaters weiterzumachen?

PdB: Es heißt zunächst einfach, dass Privilegien nicht gerechtfertigt sind, wenn man sie nicht verantwortlich für alle einsetzt. Sie sind in meiner Vorstellung – ziemlich protestantisch – untrennbar mit Pflichten verbunden. Das gilt auch für einen reichen Behinderten wie mich, der hat dann eben die Pflicht, seine Kraft für die anderen einzusetzen. Übersetzt in die Welt des Unternehmens: Die Chefs und die leitenden Angestellten sind diejenigen, die man nicht aus der Verantwortung entlassen kann, sie haben das Privileg von Ausbildung und Auskommen, sie sind verpflichtet, der Gesellschaft etwas davon zurückgegeben. Als Unternehmer habe ich diese Leute früher am stärksten in die Pflicht genommen.

EvT: Lässt sich denn in den Zeiten der Finanzkrise an diese Vorstellung von Verantwortlichkeit noch anknüpfen?

PdB: Die Dinge liegen heute anders. Heute ist jeder ein Gejagter, von dem in kürzester Zeit schier unmögliche Ergebnisse erwartet werden, ob nun als Arbeiter, Angestellter oder Vorgesetzter. Heute geht der Druck nicht mehr von den Chefs, sondern von den Aktionären aus. Das macht die Sache so kompliziert.

EvT: Ins Politische übersetzt: Wie müsste die Arbeitsteilung zwischen Staat, Gesellschaft und Individuen aussehen, um die Zerbrechlichkeit ins Zentrum der Gesellschaft zu rücken?

PdB: Ich schätze den Begriff Subsidiarität sehr, der in der europäischen Politik üblich ist. Das heißt: Man löst die Probleme von unten nach oben. Die französische Methode jedenfalls ist verkehrt, von oben nach unten helfen zu wollen. Man sollte immer in der kleinsten möglichen Einheit ansetzen, die handeln kann, also möglichst lokal. Wenn das nicht gelingt, kann man auf die unmittelbar nächsthöhere Stufe wechseln und so Schritt für Schritt weiter nach oben gehen. Der Staat muss in allen Zweifelsfällen garantieren, dass es keinem Zerbrechlichen an Unterstützung fehlt.

EvT: Welche Rolle käme all denen zu, die aus der sogenannten Norm fallen?

PdB: Sie können die Aufgabe des Aufklärers übernehmen. Sie können zu erkennen versuchen, was andere noch nicht sehen. Wenn man in Widrigkeiten gefangen ist, wie ich es bin, schweift der Blick oft in die Weite. Die Klarsichtigkeit der Menschen, die aus der Norm fallen, ist vielleicht geeignet, Augen zu öffnen. Aber ich bin mir nicht sicher, denn ich selbst bin so anders als andere, dass ich nicht weiß, ob ich noch mit der Wirklichkeit der anderen in Übereinstimmung bin. Ich hoffe es.

Der Film *Ziemlich beste Freunde*, 2011 von den Regisseuren Olivier Nakache und Éric Toledano gedreht, erzählt auf brillante und humorvolle Weise die Geschichte zweier Menschen, die beide – der eine sozial, der andere körperlich – mit einer Beeinträchtigung leben.

Der Film geht allerdings nicht weiter darauf ein, dass die Straßen voller behinderter Menschen sind.

Dabei ist das die reine Wahrheit: Behinderungen sind von erschreckender Normalität.

Die Ursache, die Art und der Grad der Beeinträchtigung sind extrem unterschiedlich, doch eine Behinderung bringt immer Anpassungsmaßnahmen mit sich und hat weitreichende Konsequenzen für den Betroffenen und sein Umfeld.

Sprechen wir zunächst von körperlicher Behinderung, die in den meisten Fällen nach außen hin sichtbarer ist.

Zwölf Millionen Franzosen sind davon betroffen,[1] ein Viertel der Bevölkerung. Das heißt also, dass Sie diese Woche auf dem Weg zur Arbeit, zum Bäcker oder zur Schule Ihrer Kinder höchstwahrscheinlich an einer Frau oder einem Mann vorbeigekommen sind, die eine motorische oder sensorische Behinderung haben. Eine Frau, die mit einer großen dunklen Brille auf der Nase und einem weißen Stock in der Hand durch die Gegend geht, ein junger Mann mit Helm auf dem Kopf, der einen elektrischen Rollstuhl bedient, zwei aufgeregte Jugendliche, die sich wild gestikulierend, aber ohne Ton eine Geschichte erzählen.

Vielleicht haben Sie auch den pummeligen Jungen an der

Bushaltestelle bemerkt, der den Kopf schüttelt und dabei unverständliches Zeug redet. Gut möglich, dass Sie sich in diesem Moment leicht verstört von einem der 900 000 Menschen mit geistiger Behinderung in Frankreich[2] abgewandt haben. Das sind in etwa so viele Personen wie die, die an Alzheimer leiden (880 000).

In Deutschland lebten im Jahr 2010 laut Statistischem Bundesamt etwa 8,7 Millionen Menschen mit einer anerkannten Behinderung. Bezieht man diese Zahl auf die Gesamtbevölkerung, so ist in Deutschland etwa jeder zehnte Einwohner behindert. 7,1 Millionen davon gelten als schwerbehindert. Die Zahl der Menschen mit geistiger Behinderung liegt in Deutschland bei rund 500 000. Etwa 1,4 Millionen Deutsche sind von einer Demenzerkrankung betroffen.

Überall im öffentlichen Raum gibt es also »Unberührbare«.

Die Behinderung ist jedoch ein komplexes Thema mit vielen Gesichtern. Neben körperlichen und mentalen Beeinträchtigungen führen unter anderem schlechte Wohnverhältnisse,[3] Arbeitslosigkeit und emotionale oder soziale Einsamkeit[4] zum Ausschluss aus der Gesellschaft.

In Deutschland wurden im Laufe des Jahres 2007 bundesweit rund 176 000 Menschen mit Behinderung in Heimen betreut. Ambulante Unterstützung beim Wohnen in einer eigenen Wohnung oder in Wohngemeinschaften erhielten rund 93 000 Menschen mit Behinderung. Insbesondere für Menschen mit hohem Unterstützungsbedarf kann von einer selbstbestimmten Wahl der Wohnformen und einer gleichberechtigten Teilhabe an subjektiv bedeutsamen Lebensbereichen keine Rede sein. Und das trotz der Gleichstellungsgesetze des Bundes und der Länder und trotz der im Sozialgesetzbuch IX formulierten Zielperspektiven »Selbstbestimmung und Teilhabe am Leben in der Gesellschaft«. Die Wohnsituation erschwert die Integration von Menschen mit Behinderung in die Gemeinde.

Die Arbeitslosenquote von Menschen mit Behinderung liegt einige Prozentpunkte höher als die der Gesamtbevölkerung. 2005 lag die Quote unter schwerbehinderten Menschen bei knapp 17 Prozent, 2009 waren es unter 15 Prozent. Im März 2011 gab es in Deutschland 10 Prozent weniger Arbeitslose als ein Jahr zuvor. Bei schwerbehinderten Menschen hingegen stieg die Arbeitslosenquote um 4,9 Prozent. Der Aufschwung kam bei Arbeitnehmern mit Behinderung nicht an. Knapp 173 000 Menschen mit einer Behinderung sind arbeitslos. Darüber hinaus bleibt 280 000 Menschen nur die Möglichkeit, in Werkstätten für Menschen mit Behinderung zu arbeiten, da ihnen der Zugang zum ersten Arbeitsmarkt verschlossen ist.

Krankheiten – seien es die eigenen oder die unserer Nächsten – können uns von einem Tag auf den anderen auf eine harte Probe stellen. Denn wie Dr. Knock sagt, die Hauptperson des Theaterstücks *Knock oder der Triumph der Medizin* von Jules Romain aus dem Jahr 1923: Gesunde Menschen sind nur Kranke, die von ihrem wahren Zustand nichts wissen!

Jeden Moment drohen Unfälle unser Leben zu verändern und uns in Ausgestoßene, von der Gesellschaft ausgeschlossene Menschen, zu verwandeln.

Wer kann sich also damit brüsten, kein Unberührbarer zu sein?

Viele Zuschauer haben beim Abspann von *Ziemlich beste Freunde* spontan geklatscht. Dieser Applaus galt sicher auch der Qualität der Produktion und der Leistung der Schauspieler. Doch war er nicht in erster Linie Ausdruck unseres intuitiven Wissens, dass wir alle jederzeit Unberührbare werden könnten? Jeden von uns könnte es treffen, und wie die beiden Hauptdarsteller im Film würden wir unvermittelt in eine Form von Behinderung abgleiten, so dass wir nicht mehr in der Lage wären, die sozialen und wirtschaftlichen Normen zu erfüllen.

Kritiker des Films haben behauptet, er würde – in einer Gesellschaft, in der nur Leistung zählt – die Verletzlichkeit des Menschen zu positiv darstellen. Doch nicht Schwäche wird hier als Ideal dargestellt, sondern Risikobereitschaft: Es geht um das Wagnis, sich auf eine Beziehung einzulassen, obwohl man sozial beziehungsweise körperlich in einer schwächeren Position ist.

Wer hält zu uns, wenn wir verwundbar geworden sind? An wen können wir uns wenden? Haben wir dann noch einen Platz in der Gesellschaft?

Die Regisseure wollten diese besondere Hinwendung zweier Personen zueinander zeigen, deren Begegnung völlig unwahrscheinlich war. Beide betonen, dass es sie stark gemacht habe, sich in ihrer jeweiligen Verletzlichkeit zusammenzuschließen.[5]

Davon sind wir alle drei – Philippe Pozzo di Borgo, Jean Vanier und Laurent de Cherisey – fest überzeugt, denn wir erleben täglich, wie positiv sich solche Begegnungen auswirken.

Der Wert eines Menschen lässt sich nicht nur an seiner Tüchtigkeit oder an seinen Leistungen ermessen. Er hat auch viel mit der Fähigkeit zu tun, sich auf andere einzulassen. Wenn wir unsere Angst vor der Verschiedenheit überwinden, wenn wir unsere Schwächen vereinen, dann kann das Leben einen neuen Sinn bekommen und wieder witzig, zärtlich und tiefgründig sein.

In dieser Überzeugung werden wir regelmäßig durch unsere Erfahrungen bestätigt.

Darum richten wir einen Appell an Sie.

Es steht keine politische Theorie dahinter und auch keine philosophische Überlegung – es ist schlicht ein Appell an die Zuversicht.

Die Verletzlichkeit birgt wider Erwarten einen Schatz, den es zu entdecken gilt. Unsere Gesellschaft kann tatsächlich gerechter und menschlicher werden, wenn wir wieder an den tieferen Sinn der Solidarität anknüpfen. Denn nur sie bietet eine Antwort auf die fundamentale Frage nach dem Sinn des Lebens.

DIE ERFAHRUNG DER VERLETZLICHKEIT:
WER SIND WIR?

Philippe Pozzo di Borgo: der Insider

Jean Vanier und Laurent de Cherisey setzen sich aus freien Stücken für Menschen mit Behinderung ein. Das trifft auf mich überhaupt nicht zu. Mein Engagement ist weder beabsichtigt gewesen noch freiwillig entstanden. Ich bekam eines Tages mit voller Wucht einen Schlag ab, der mich unvermittelt in eine Welt der Brüche und Erniedrigungen stürzte. Dennoch habe ich daraus wider Erwarten neue Kraft geschöpft, die ich den »zweiten Atem« nenne.

Früher nahm ich behinderte Menschen nicht einmal wahr, genauso wenig wie alte. Ich hielt den Blick fest auf mein Ziel gerichtet und schenkte all denen, die auf der Strecke geblieben waren, keine Beachtung. Im Jahr 1993 verunglückte ich mit dem Gleitschirm und zerbrach gleichsam in tausend Teile. Mit 42 Jahren war ich auf einmal querschnittsgelähmt, vom Hals abwärts. Ich kann mich weder bewegen noch die Menschen, die ich liebe, berühren.

Alles, was vorher selbstverständlich war, wurde mir genommen.

Zum Zeitpunkt des Unfalls war ich Geschäftsführer des Champagnerunternehmens Pommery. Als ich aus dem Koma erwachte, wollte ich meine Stelle sofort wieder antreten, doch das wurde abgelehnt. Urplötzlich verlor ich meine soziale Funktion und fühlte mich vollkommen nutzlos. Finanziell hatte ich keine Probleme, psychisch sah es ganz anders aus. Abdel Sellou, mein unangepasster, frisch aus dem Gefängnis entlassener Schutzteufel, trat ein Jahr vor dem Tod meiner Frau Béatrice in mein Leben. Ohne ihn wäre ich jämmerlich zugrunde gegangen. Der Film *Ziemlich beste Freunde* basiert auf unserer Beziehung.[6]

Durch die jahrelange Erfahrung der Verletzlichkeit und durch die Begegnung mit Abdel, der auf einer anderen Ebene mit einer nicht weniger schmerzlichen Behinderung konfrontiert war, habe ich die Zuversicht entdeckt. Damit meine ich nicht die Hoffnung auf ein besseres Leben in der Zukunft, sondern einen zweiten Atem. Es ist ein längerer Atem, vergleichbar mit dem, den die Marathonläufer kennen. Er baut einen wieder auf, verhilft zu mehr Sicherheit und erlaubt es einem, das Leben als Behinderter voll und ganz zu leben.

Ich habe begriffen, dass ich meinen Beitrag zu dieser Gesellschaft leisten kann, damit sie stark wird, weil sie den Verletzlichsten unter uns einen Platz einräumt. Als *unbeweglicher Krieger* – so der großartige Titel des Buchs von Bertrand Besse-Saige, ebenfalls Tetraplegiker – habe ich die Ernennung zum Ehrenvorsitzenden des Vereins Simon de Cyrène akzeptiert und unterstütze Wohnprojekte, in denen Menschen mit und ohne Behinderung zusammenleben, um alle Verschiedenheiten miteinander in Einklang zu bringen.

Jean Vanier: der Pionier eines Lebens in der Gemeinschaft

Ich hatte nie die Absicht, eine Gemeinschaft zu gründen, doch in meinem Hinterkopf gab es immer die Idealvorstellung einer Welt, in der die Menschen glücklich miteinander leben und zusammen feiern.

Als ich 1964 ein Haus in Trosly-Breuil bei Compiègne kaufte und drei Menschen mit einer geistigen Behinderung einlud, aus ihrer Einrichtung zu mir zu ziehen, war mir klar, dass diese Entscheidung mein Leben unwiderruflich verändern würde. Damals wurden viele von ihnen noch in geschlossenen Anstalten untergebracht oder von ihren Eltern versteckt. Ich lernte sogar einmal einen Jugendlichen kennen, der in der Garage des elterlichen Hauses angekettet worden war. Ich gab meinem Projekt den Namen Arche, weil Noah, dessen Geschichte in der Bibel und im Koran erzählt wird, mit diesem Schiff seine Familie und alle Tierarten vor der Sintflut rettete.

Dabei hatte ich ursprünglich keinerlei besondere Veranlagung, mich Menschen mit geistiger Behinderung anzunehmen.

Durch die militärische und diplomatische Laufbahn meines Vaters, eines Generals der kanadischen Armee, zogen wir in meiner Kindheit häufig innerhalb Europas um. 1942, mit dreizehn Jahren, ging ich ans Royal Navy College der britischen Marine in Dartmouth, England. Bis ich 1950 den Dienst quittierte, war ich Marineoffizier. Damals hatte ich das Bedürfnis, einen persönlicheren, spirituelleren Weg einzuschlagen, als ihn mir die Marine bieten konnte. Ich tastete mich langsam heran. Eine Zeitlang wollte ich Priester werden, doch dann merkte ich, dass das nicht meine Berufung war. Ich promovierte in Paris in Philosophie und lehrte anschließend an einer Universität in Kanada.

Nach und nach erkannte ich, dass eine besondere Aufgabe darin liegt, sich für Menschen mit einer geistigen Behinderung einzusetzen. Und das, obwohl ich mich anfangs in ihrer Gegenwart eher unwohl fühlte.

Den Angehörigen fällt es oft schwer, die Bedürfnisse ihrer behinderten Verwandten zu erfüllen. Meine Überzeugung, dass diese besonders verletzlichen Menschen ein alternatives Lebensumfeld brauchen, stößt heute international auf große Resonanz. Die Arche gibt es in fast vierzig Ländern auf allen fünf Kontinenten; insgesamt sind 140 Gemeinschaften unter ihrem Dach vereint, die jeweils aus mehreren Wohnhäusern und Werkstätten (Förderungs- und Betreuungsbereich) bestehen. Jede Arche vereint drei Dimensionen in sich: das Gemeinschaftsleben, Spiritualität, professionelle Betreuung und Pflege. Das Leben in den Arche-Gemeinschaften basiert auf wechselseitigen Beziehungen und gegenseitigem Respekt zwischen den Menschen mit Behinderung und den Helferinnen und Helfern, die sich entschieden haben, mit ihnen zusammenzuleben.

Die Geschichte dieses Zusammenlebens ist wahrlich kein langer, ruhiger Fluss – im Gegenteil! Doch aus meiner knapp fünfzigjährigen Erfahrung im Zentrum der Verletzlichkeit habe ich gelernt, dass der Wert eines Menschen darauf beruht, was er als Mensch *ist*, und nicht auf der Rolle, die er in der Gemeinschaft spielt. Die Begegnung mit einem Unberührbaren ist ungeheuer fruchtbar, und es ist sehr wichtig, davon zu erzählen.

Laurent de Cherisey: der Gründer

Oft sind es persönliche Erfahrungen, die uns zum Handeln treiben, obwohl wir allerlei Gründe hätten, uns von dem Problem abzuwenden. Ich bin da keine Ausnahme. Durch den Autounfall meiner Schwester, der ihr Leben komplett veränderte, wurde meine Familie mit einer völlig neuen Situation konfrontiert. Damals nahm ich den Kampf auf, den ich bis heute führe. Doch dieser Weg hat sich in Etappen vollzogen.

Ich begann meine Laufbahn als Unternehmer und gründete Agenturen für Kommunikation und Marketing. Zusammen mit Freunden war ich im Jahr 2003 Mitbegründer von *Reporters d'Espoirs*, einem Netzwerk zur Verbreitung von Informationen, die auf sozialem, wirtschaftlichem oder ökologischem Gebiet lösungsorientierte Ansätze vorschlagen. Im Jahr darauf machte ich mich zusammen mit meiner Frau Marie-Hélène, einer Fernsehjournalistin, und unseren fünf Kindern auf eine Reise in 21 Länder, bei der wir vielen sozialen Unternehmern und Visionären begegneten.[7]

Im Jahr 2005 schließlich wagte ich den nächsten Schritt und engagierte mich aktiv. Ich gründete den Verein Simon de Cyrène, dessen Ziel es ist, Lebensgemeinschaften zu schaffen, die auf der Grundlage einer solidarischen Beziehung und der Würde jedes Einzelnen fußen. Wir schöpften aus dem reichen Erfahrungsschatz der von Jean Vanier gegründeten Arche und passten diese Erkenntnisse an die speziellen Bedürfnisse hirngeschädigter Menschen an.

In der Tat erleiden allein in Frankreich jährlich 150 000 Menschen eine Hirnschädigung durch einen Schlaganfall oder, in über 70 Prozent der Fälle, durch einen Sturz beziehungsweise einen Verkehrsunfall wie zum Beispiel meine Schwester.[8] Die Folgen sind Verhaltensstörungen oder motorische und kognitive Symptome, bei denen die intellektuellen Fähigkeiten, unter anderem das Gedächtnis, beeinträchtigt werden.

Unser Ziel ist es, den Menschen, die unter behindernden

Folgeerscheinungen leiden, ein soziales Leben in der Stadt zu ermöglichen. Wir wollen Stätten der Begegnung und des Austauschs schaffen, wo alle in einer persönlichen zwischenmenschlichen Beziehung leben, wo jeder gibt und nimmt und er selbst sein kann, ohne allein zu sein. Denn ich bin überzeugt, dass der Sinn des Lebens in unserer Beziehung zum Nächsten besteht und nichts mit einem Wertesystem zu tun hat, das nur auf Rentabilität und Profit basiert.

SCHLUSS MIT DEN LÜGEN

Im Juli 2011 errangen Jo Swinson, Mitglied des britischen Parlaments, und Lynne Featherstone, heute Ministerin, die Gründerinnen von *Campaign for Body Confidence*, ihren ersten Sieg. Zwei Werbekampagnen von L'Oreal, in denen die Schauspielerin Julia Roberts und das Model Christy Turlington für Kosmetikprodukte warben, wurden in England verboten. Die *Advertising Standards Authority*, zuständig für die Einhaltung von Richtlinien in der Werbung, gab der Klage der jungen Politikerin statt. Die stark retuschierten Aufnahmen der Kampagne von L'Oreal seien irreführend, weil sie Frauen eine Perfektion vorgaukelten, die in der Realität unerreichbar sei.

Jo Swinson erklärte, sie sei fest entschlossen, ihre Aktionen fortzusetzen. Unsere visuell geprägte Medienkultur, die Bilder, die das Fernsehen, Internet, Kino und Werbung dominierten, sollten uns eine positivere Botschaft vermitteln, anstatt uns ein unerreichbares, weil unrealistisches Ideal aufzudrängen. Ihr Protest gegen die Trugbotschaften in der Werbung, so unterstreicht Swinson, sei nur der erste Schritt eines umfassenderen Kampfes für ein anderes Menschenbild.

Auch wir wollen, wie Jo Swinson, mit dem Finger auf die verlogene Gesellschaft zeigen, in der wir leben. Ständig stehen wir unter Druck, sollen enorm hohe Ansprüche erfüllen und diesen überhöhten Maßstäben bezüglich unserer Leistung, Schönheit, Jugend, Unverwundbarkeit, ja sogar Unsterblichkeit dauerhaft gerecht werden. Das führt zu permanenten Angstzuständen, denn selbst ohne Behinderung wissen wir im tiefsten Herzen, dass Verletzlichkeit unverbrüchlich zu unserem menschlichen Dasein gehört.

Dennoch werden wir ununterbrochen mit Botschaften bombardiert, die unsere Verwundbarkeit verschleiern. Haben wir etwa Angst davor, an unsere Schwäche erinnert zu werden?

Sollten wir uns nicht dringend die fundamentale Frage nach dem Sinn des Lebens stellen?

Menschen mit Behinderung stellt sie sich grundsätzlich, und das manchmal auf extrem schonungslose, brutale Weise. Wer mit achtzehn Jahren einen schweren Verkehrsunfall erleidet, dank der medizinischen Fortschritte vor dem Tod gerettet wird und dann gelähmt aufwacht, ohne jede Aussicht auf eine berufliche Laufbahn oder ein erfülltes Liebesleben, der wird diese Frage mit aller Kraft herausbrüllen.

Warum habt ihr mir das Leben gerettet? Wofür? Was soll ich damit anfangen?

Die Frage nach dem Sinn des Lebens tut weh, und man stellt sie sich unweigerlich, wenn man verletzlichen Menschen begegnet. Sie führen uns vor Augen, wie es auch jedem von uns eines Tages ergehen könnte.

Wir kommen jedenfalls nicht umhin, uns diese Frage zu stellen.

Oder wollen wir etwa allen, die in irgendeiner Weise geschwächt wurden, sei es durch ihr Alter, eine körperliche Behinderung, Arbeitslosigkeit oder eine von vielen weiteren Beeinträchtigungen, das Recht absprechen, ein menschenwürdiges, erfülltes Leben zu führen? Würde man dann nicht dem Leben eines jeden, der sich aus dem Bannkreis des Erfolgs entfernt, ein Ende setzen müssen?

Doch Vorsicht! Wann genau dürfte denn dann ein verwundbarer Mensch nicht mehr weiterleben? Wo würde man die Grenze ziehen?

Wenn wir die fundamentale Frage nach dem Sinn des Lebens nicht zu beantworten wagen, wenn wir die Verletzlichkeit nicht als das ureigene Merkmal unseres Daseins anerkennen, riskieren wir, erneut auf die finstersten Seiten der Menschheitsgeschichte zuzusteuern und diejenigen auszusondern, die unseren Erfolgskriterien nicht entsprechen.

Eine neue Ära der Geschichte unseres Planeten ist angebrochen. Die Älteren unter uns wissen, wie unglaublich groß der technische Fortschritt ist, den die Jüngeren als ganz normal betrachten. Gentechnik und medizinische Entwicklung haben unsere Sicht auf den menschlichen Körper grundlegend verändert. Andererseits gibt es immer noch Kriege, Umweltkatastrophen, Krisen. Auch Erschöpfung, Depressionen und Vereinsamung stehen in unserer Gesellschaft auf der Tagesordnung.

Als ersten Schritt auf dem Weg in eine humanere Gesellschaft sollte man sich vor Augen führen, dass die von einer Behinderung geschwächten Menschen eine heilsame Rolle als Wächter erfüllen.

Früher machten Männer im Dienst der Gemeinschaft nachts in den Ortschaften die Runde, um über Wohl und Sicherheit der Bewohner zu wachen und bei drohender Gefahr Alarm zu schlagen. In der heutigen orientierungslosen Zeit können unsere Wächter, die verletzlichen Menschen, uns den Weg in eine humanere Gesellschaft weisen.

Unsere Erfahrung hat uns gelehrt, dass das Annehmen der eigenen Schwäche zu jener Erfüllung verhelfen kann, nach der so viele von uns suchen.

GELD – EIN WICHTIGER, ABER NICHT DER WESENTLICHE FAKTOR

Nach dem Filmstart von *Ziemlich beste Freunde* kam in Frankreich eine heftige Debatte in Gang. Eine Frau schickte einen empörten Leserbrief an die christliche Zeitung *La Croix*. Sie behauptete, wenn man finanziell so privilegiert sei wie Philippe Pozzo di Borgo, sei es ein Leichtes, auch mit Behinderung zu neuer Lebensfreude zu finden. Kurz, Geld mache zwar nicht glücklich, trage aber in hohem Maße zum Glück bei.

Sie machte die Öffentlichkeit zu Recht auf die Bedeutung einer finanziellen Entschädigung aufmerksam.

Obwohl der Status von behinderten Menschen in vielen Ländern gesetzlich geregelt ist, müssen diese oft einen langen und beschwerlichen Weg zurücklegen, bis sie die für ihr materielles Überleben nötigen Zuwendungen erhalten. Am Ende sind sie oft erschöpft, mutlos und manchmal verbittert. Wenn man einem nahestehenden Menschen nur unter großen Anstrengungen zu einem anständigen Leben verhelfen kann, fühlt man sich leicht im Stich gelassen und findet es nahezu unerträglich, andere vom besonderen Wert und den Möglichkeiten behinderter Menschen reden zu hören.

Tatsächlich darf nicht verschwiegen werden, dass eine Behinderung zum Teil kostspielige Anpassungen für ein barrierefreies Leben erforderlich macht. Staatliche Investitionen sind unverzichtbar, um die Verletzlichkeit wieder ins Zentrum der Gesellschaft zu rücken. Die Beteiligung der öffentlichen Hand äußert sich nicht nur in der Höhe der Beihilfen und der Anerkennung der unterschiedlichen Formen von

Behinderung. Sie drückt sich ebenso in anderen Dingen aus, wie etwa barrierefreier Zugänglichkeit, zum einen zu physischen Orten, zum anderen aber auch im Sinne einer möglichen – auch beruflichen – Wiedereingliederung. Man muss nicht im Rollstuhl sitzen, um zu merken, wie unsere Städte einem das Leben schwermachen können! Wer einen Kinderwagen schiebt, wer sich mit Gepäck beladen oder mit Gehhilfen fortbewegt, begreift sehr bald, wie schwierig oder gar gefährlich es ist, eine Straße zu überqueren oder eine Treppe hochzukommen. Auf dem Mond landen können wir, aber Fahrstühle – für Personen mit eingeschränkter Mobilität meist die einzige Möglichkeit, zu ihrer Wohnung, zu U-Bahn-Stationen oder in die oberen Stockwerke von Kaufhäusern zu gelangen – sind regelmäßig außer Betrieb, wenn sie denn überhaupt vorhanden sind!

Nach den Bestimmungen des Behindertengleichstellungsgesetzes (BGG) ist der Bund verpflichtet, barrierefrei zu bauen. Dies gilt für zivile Neubauten sowie große zivile Um- oder Erweiterungsbauten des Bundes. Doch immer noch sind die Städte zum Teil nicht barrierefrei. Oft werden Umbauten mit Verweis auf den Denkmalschutz und auf hohe Kosten abgelehnt.

Staatliche Unterstützung hat auch positive Auswirkungen auf die Wirtschaft. In den Lebensgemeinschaften des Vereins Simon de Cyrène, die 2009 in Vanves im Département Hauts-de-Seine eröffnet wurden, arbeiten vierzig Menschen. Finanziert wurde ihre Anstellung aus Wohnbeihilfen, einem Darlehen beim staatlichen Finanzinstitut CDC (Caisse des Dépots) und durch Spenden von Privatpersonen. Insgesamt sind laut Jean-Louis Laville, Professor am Conservatoire national des arts et métiers, etwa 10 Prozent aller Angestellten in Frankreich in der sogenannten sozialen und solidarischen Ökonomie sowie in sozial engagierten Unternehmen beschäftigt.[9]

Im Übrigen ist es auch aus unternehmerischer Sicht langfristig sehr viel sinnvoller, auf Mensch und Umwelt Rücksicht zu nehmen.

So mahnt Bertrand Collomb, langjähriger Chef des weltweit führenden Baustoffherstellers Lafarge und Autor eines Buchs über die soziale Verantwortung von Unternehmen,[10] dass die Arbeitswelt wieder humaner werden müsse. Es gelte zu berücksichtigen, dass der Mensch Teil des Gemeinguts sei, das durch den Erfolg eines Unternehmens vermehrt oder durch seinen Misserfolg gemindert werde.

Sicherlich wird auch weiterhin Geld in Form von Spenden oder Zuschüssen erforderlich sein, um angemessene Lösungen für die Schwierigkeiten zu finden, die mit der Behinderung in all ihren Ausprägungen einhergehen.

Würde man jedoch die Unterstützung von Menschen mit Behinderung auf die finanzielle Entschädigung, mag sie auch noch so konsequent sein, reduzieren, hieße das, die Lösung im rein bürokratischen Rahmen zu suchen und den Betroffenen ihre Hauptantriebskraft, nämlich die Beziehungen zu anderen, zu entziehen. Davon erzählt eine junge Frau, Sophie, die von ihrer Versicherung eine hohe Geldsumme ausbezahlt bekam. Sophie zog in eine an ihre Behinderung angepasste Wohnung und bekam alle Unterstützung, die sie benötigte. Dennoch war sie nicht glücklich: »Zu mir kommen nur Menschen, die dafür bezahlt werden.« Es gab für sie keine kostenlosen Beziehungen mehr und keinen Austausch, der nicht auf einer professionellen Verpflichtung beruhte, und so war jedes Glücksgefühl verschwunden.

Für den, der aus der Gesellschaft ausgeschlossen wird, ist das *Andere* das einzig Wichtige.

Es gilt, ein Gleichgewicht zu finden zwischen staatlicher Verantwortung und unserem eigenen Einsatz. Wir sollten uns davor hüten, Aufgaben an Institutionen abzuschieben, nur um nicht selbst mit unserer Angst vor Verletzlichkeit konfrontiert zu werden – also Alte ab ins Altersheim, Sterbende ins Krankenhaus, Behinderte in spezielle Einrichtungen, Menschen in sozialen Schwierigkeiten an den Rand der Gesellschaft. Die Situation wird verschlimmert durch eine Tyrannei der Normen, die verhindert, dass Menschen mit Behinderung in der Stadt Fuß fassen können. Wenn es zum Beispiel in Frankreich laut Gesetz in Gebäuden, in denen motorisch behinderte Menschen wohnen, Notausgänge an zwei Außenwänden geben muss, ist von vornherein klar, dass Häuser im Stadtzentrum diese Bedingung im Allgemeinen nicht erfüllen dürften.

Solch ein Gesetz gibt es in Deutschland nicht. Wenn Menschen mit Behinderung eine barrierefreie Wohnung finden, die ihren Bedürfnissen gerecht wird, können sie hier auch einziehen. Allerdings ist es schwierig, eine barrierefreie Wohnung zu bekommen, da der Bedarf – auch aufgrund des demographischen Wandels – höher ist als das Angebot.

Wenn ein Mensch mit Behinderung jedoch eine persönliche Assistenz benötigt, wird oft von den Sozialbehörden der Paragraph 13 des Sozialgesetzbuches XII herangezogen: Die ambulante Leistung wird dann abgelehnt, »wenn eine Leistung für eine geeignete stationäre Einrichtung zumutbar und eine ambulante Leistung mit unverhältnismäßigen Mehrkosten verbunden ist«. Daher müssen sich Menschen mit erheblichem Pflegebedarf immer wieder dagegen wehren, ins Heim gezwungen zu werden.

Diese Einschränkungen mögen gut gemeint sein, doch die Sorge um das Wohlergehen der Mitmenschen artet hier in Sicherheitszwang aus. So entfernen wir uns nur weiter von einer Gesellschaft, die der Verletzlichkeit wieder einen zentralen Platz einräumt.

Geld spielt zwar auch eine wichtige Rolle im Umgang mit der Behinderung, von wesentlicher Bedeutung ist jedoch unsere Bereitschaft, überhaupt mit der Verletzlichkeit in Berührung zu kommen.

MIT DER UNSTERBLICHKEIT ABRECHNEN

Ein Grund für die Verzweiflung, die Verletzlichkeit und Schwäche bei uns auslösen, mag darin liegen, dass unsere Gesellschaft der Illusion von Unsterblichkeit nachhängt. Behinderungen sind nicht anziehend! Sie künden vielmehr von einem körperlichen und sozialen Verfall, vor dem wir uns fürchten, als sei er ein Vorbote unserer eigenen Sterblichkeit. Milan Kundera sagt über unsere Ablehnung dieses Teils des Menschseins: »Sterblichkeit ist die elementarste menschliche Erfahrung, und trotzdem ist der Mensch nie fähig gewesen, sie zu akzeptieren, zu begreifen und sich dementsprechend zu verhalten. Er versteht es nicht, sterblich zu sein, und wenn er gestorben ist, versteht er es erst recht nicht, tot zu sein.«[11]

Für den, der mit behinderten Menschen zu tun hat, gehört der Tod zum Alltag. Von uns dreien kann Jean Vanier am besten bezeugen, mit welcher Reife und welch tiefem Verständnis Menschen mit geistiger Behinderung an den Tod herangehen, obwohl man doch oft meint, sie würden sich gar nicht bewusst damit auseinandersetzen.

Seit der Gründung der Arche gab es viele Todesfälle, denen die Mitglieder stets mit Andacht und Aufmerksamkeit begegneten. Manchmal auch mit unerwarteter Heiterkeit, wie an dem Tag, als zwei Bewohner, Philippe und Jean-Louis, bei der Totenwache von ihrem Freund François Abschied nehmen wollten, den sie sehr liebten. Jean-Louis beugte sich zu ihm hinab, um ihn auf die Wange zu küssen. Dann drehte er sich zu Philippe um und rief überrascht: »So was, er ist ja ganz kalt!«

Lachend über diese Entdeckung gingen sie aus dem Raum, entzückt, dass sie einen Toten geküsst hatten. Wir blieben sprachlos zurück. Die beiden, die sich der eigenen Vergänglichkeit genauso bewusst waren wie der ihres verstorbenen Freundes, hatten unseren Bemühungen, François' Tod mit gutgemeinten Worten zu beschönigen, die nackte Wahrheit entgegengesetzt.

Mit der Unsterblichkeit abzurechnen ist eine Grundvoraussetzung, um das Leben in seiner Gänze zu erfassen, wie es Etty Hillesum[12] in ihrem Tagebuch am 3. Juli 1942 so wunderbar ausdrückt: »Die Möglichkeit des Todes ist mir absolut gegenwärtig; mein Leben hat dadurch eine Erweiterung erfahren, daß ich dem Tod, dem Untergang ins Auge blicke und ihn als einen Teil des Lebens akzeptiere. Man darf nicht vorzeitig einen Teil des Lebens dem Tod zum Opfer bringen, indem man sich vor ihm fürchtet und sich gegen ihn wehrt, das Widerstreben und die Angst lassen uns nur ein armselig verkümmertes Restchen Leben übrig, das man kaum noch Leben nennen kann. Es klingt fast paradox: Wenn man den Tod aus seinem Leben verdrängt, ist das Leben niemals vollständig, und indem man den Tod in sein Leben einbezieht, erweitert und bereichert man das Leben.«

Wir sollten uns also ganz im Gegenteil auf unsere Vergänglichkeit besinnen, um Erfüllung im Leben zu finden.

Nach dieser Devise lebt Weera Sunawanachot, über den Laurent de Cherisey in seinen Büchern berichtet.[13] Sunawanachot arbeitete als Produzent bei einem Fernsehsender in Thailand und galt in seiner Heimat als Star. Doch als er Anfang 2000 mehrere Freunde verlor, erschütterten ihn diese Todesfälle zutiefst, und seine Gedanken kreisten stets um die

Fragen: »Was für einen Sinn hat mein Leben? Wenn ich morgen genauso grausam und unerwartet sterben sollte wie meine Freunde, hätte ich dann ein befriedigendes Leben geführt? Welche der Dinge, die ich getan habe, würden wirklich zählen?«

Weera Sunawanachot gab seine Karriere samt der dazugehörigen Position auf und wandte sich einem Projekt zu, das ihm am Herzen lag, das er bislang aber immer auf »später« verschoben hatte, »wenn ich Zeit habe«, »wenn ich die finanziellen Mittel habe«. Er nutzte sein Können weiterhin, setzte es aber anders ein, indem er nun in Zusammenarbeit mit Schulkindern Lehrfilme drehte. Nach und nach breitete sich die Idee in ganz Thailand aus und wurde später über die Grenzen hinaus von anderen Ländern übernommen.

Es geht nicht darum, sich etwas zu beweisen, bevor man stirbt, und einen wahnsinnigen Wettlauf gegen die Zeit anzutreten! Viel wichtiger ist es, sich zu überlegen, wo für einen selbst die Erfüllung liegt, und die Gegenwart intensiv zu erleben.

Simone de Beauvoir schrieb völlig zu Recht: »[Aber] die Gegenwart ist keine potentielle Vergangenheit, sondern der Augenblick, da wir uns zu entscheiden und zu handeln haben.«[14]

Das Erleben der Gegenwart, des jetzigen Augenblicks, wie man es durch die Behinderung kennenlernt, empfindet Philippe Pozzo di Borgo mit Sicherheit am intensivsten von uns dreien:

Vor meinem Unfall folgte ich blind den gängigen sozialen Verhaltensmustern, tat das, was von mir erwartet wurde, und war mir selbst völlig fremd. Durch die ständige Hektik in meinem Leben war ich gedanklich immer bei der Zukunft. Ich war nie wirklich da, nie ganz bei der Sache. Durch die Behinderung kam ich abrupt zum Stillstand. Die Verletzlichkeit nahm mir die Aussicht auf die Zukunft, die mir zuvor gehört hatte. Das an sich hätte wohl schon genügt, um mich in die Gegenwart zurückzuholen, doch hinzu kam der Schmerz.

Ich leide permanent, und ich bin nicht der einzige Mensch auf der Welt, der mit dem Schmerz leben muss. Diese Erfahrung kannte ich vorher nicht, und glauben Sie mir, es kann unerträglich sein. Die einzige Möglichkeit, damit zurechtzukommen, besteht für mich darin, mich auf den Augenblick zu konzentrieren. Ich halte in der Sekunde inne, projiziere mich nicht in eine Zukunft mit oder ohne Schmerzen. Ich besetze die Gegenwart, durch die ich vor meinem Unfall immer nur hindurchraste. Ich lasse mich buchstäblich mit meinem ganzen Gewicht im Jetzt nieder. Mit dieser Aufgabe bin ich ständig beschäftigt, und ich möchte nicht den Eindruck erwecken, dass sie einfach wäre. Doch ich weigere mich abzustumpfen und schaue, schmecke, höre mit großer Intensität, im Jetzt, obwohl die Beschwerden mein ständiger Begleiter sind. Trotz des Leids freue ich mich sehr, dass ich lebe. Wenn Sie wüssten, wie gut mir meine Tasse Kaffee am Morgen schmeckt!

Unsere atemlose Jagd nach unserer Vision vom Glück, das Streben danach, *endlich* glücklich zu sein, hindert uns schlicht daran, den Augenblick wahrzunehmen. Er mag schrecklich schmerzhaft sein, wie Philippe betonte. Doch die Behinderung lehrt einen auch, dass man sich den Schwierigkeiten stellen kann, indem man sich in der Gegenwart verankert.

Sowohl die ehrenamtlichen als auch die bezahlten Helferinnen und Helfer, die mit uns zusammenarbeiten, erzählen uns oft, dass sie sich durch ihren Kontakt mit den behinderten Menschen der Spannung bewusst werden, die entsteht, wenn man ständig in Gedanken bei der Zukunft ist. Dieses aufreibende Hin und Her zwischen Gegenwart und Zukunft ist durchaus berechtigt und verständlich: Werde ich meine Stelle behalten? Soll ich heiraten? Soll ich das Angebot annehmen, ins Ausland zu gehen?

Die Zukunft wird dann allerdings nur als Einschränkung erfahren und vermittelt eine Angst vor Misserfolg. Im Kontakt mit behinderten Menschen erfuhren die Helfer jedoch, dass sie geliebt werden, unabhängig von ihren Plänen für die Zukunft oder ihren Leistungen in der Vergangenheit. Davon erzählt Pierre, der sein freiwilliges soziales Jahr bei der Arche absolvierte, wenn er über seine Begegnung mit Joëlle spricht, einem Mädchen mit Down-Syndrom:

> Meine beiden Universitätsabschlüsse und mein Doktortitel waren Joëlle völlig egal. Diese Beweise für meinen Erfolg ließen sie kalt, doch in unserer Begegnung hatte ich das Gefühl, so geliebt zu werden, wie ich jetzt, in diesem Augenblick, bin, und habe einen Moment der Ewigkeit erlebt.

Eine Szene im Film *Ziemlich beste Freunde* hat Jean Vanier besonders tief beeindruckt, da er sie als Vision der Hoffnung für die Zukunft empfand. Darin sieht man François Cluzet, der den Querschnittsgelähmten spielt, und Omar Sy, seinen Pfleger, beide von hinten, wie sie das Meer betrachten. Sie reden nicht miteinander, schmieden keine Pläne, und dennoch macht das Bild ihre tiefe, aus ihrer Begegnung entstandene Verbundenheit deutlich.

In einem Dokumentarfilm über den Alltag in Einrichtungen für geistig behinderte Kinder[15] fragt der Leiter der Einrichtung Fanny, die eine leichte kognitive Beeinträchtigung und eine geringfügige körperliche Behinderung hat: »Wo liegt für dich die Behinderung, Fanny? Was bedeutet sie für dich?«

Sie antwortet: »Im Blick der anderen.«

Für das Mädchen, das eine Förderschule besucht, liegt die Antwort auf der Hand. Durch ihre Behinderung kann sie nicht dem üblichen Bildungsweg folgen, aber selbstverständlich möchte sie trotzdem glücklich sein! Sie ist sich bewusst, dass die Blicke der anderen sie ausschließen und ihr die Beziehungen verwehren, nach denen sie sich sehnt.

Wir sprechen von jenem Blick, der verletzt und ausgrenzt.

Fannys spontane Antwort widerlegt die Meinung eines Drittels der Franzosen, die laut Umfrage davon überzeugt sind, dass Menschen mit geistiger Behinderung nicht merken, dass sie »anders« sind.[16] Demzufolge würden sie auch nicht merken, wenn man sie diskriminiert, und könnten also nicht darunter leiden. Die meisten Menschen mit einer kognitiven Einschränkung mögen zwar nicht alle Aspekte ihrer Behinderung erfassen, sie begreifen aber vollkommen, dass ihr Leben sich von dem der anderen unterscheidet.

Der Blick, der ausschließt, sieht nur die Beeinträchtigung. Den schleppenden Gang und die unkoordinierten Gesten von Patrice, der infolge eines Schädeltraumas nach einem Motorradunfall unter motorischen und kognitiven Störungen leidet. Claras starre Gesichtszüge. Oder die katastrophalen Noten von Pierre, dessen Lese-Rechtschreib-Schwäche ihn in der Schule benachteiligt.

Letztlich ist jeder von uns darauf angewiesen, dass man ihn auf andere Weise, mit einem freundlicheren Blick, betrachtet, damit er nicht auf seine jeweilige Behinderung reduziert wird.

Wir, die kaputten Typen – das betonten Philippe Pozzo di Borgo und Abdel Sellou immer wieder in Interviews –, wir wollen nicht euer Mitleid, sondern mit anderen Augen gesehen werden, mit einem Blick, der uns als ganze Menschen wahrnimmt. Wir sehnen uns nach einem Lächeln, einem Austausch, der uns stärkt, weil er uns sagt, dass es uns gibt und dass wir wertvoll sind.

»Die größte Armut für einen Menschen ist es, unerwünscht zu sein und niemanden zu haben, der sich um ihn kümmert«, sagte Mutter Teresa.

Die seelische Not wird gelindert, wenn die Isolierung durchbrochen wird. Die Behinderung an sich macht nicht glücklich, aber sie birgt einen eigenen Reichtum, der nur durch die Beziehungen zum *Anderen* zum Vorschein kommen kann.

Die Signale einer Gesellschaft, die zu Höchstleistungen anspornt, ermuntern nicht gerade dazu, die eigene Behinderung in der Öffentlichkeit zu zeigen.

In dem Selbstbild behinderter Menschen ist schon Ausgrenzung enthalten. Aus Scham, dass sie nicht der gesellschaftlichen Norm entsprechen, ziehen sie sich entweder zurück oder verfallen in aggressives Verhalten. Obwohl sie das natürliche Bedürfnis nach Zuneigung verspüren, ziehen manche Menschen mit Behinderung sich lieber in die Einsamkeit zurück, als Ablehnung zu riskieren. Für jemanden, der seit jungen Jahren behindert ist, wiegt das besonders schwer. Traurigerweise bestätigen die Statistiken, dass körperliche Behinderungen, wenn sie vor dem 40. Lebensjahr auftreten, feste Beziehungen erst spät entstehen lassen.[17]

> In Deutschland sind Männer und Frauen mit Behinderung im Alter zwischen 25 und 45 Jahren eher ledig als Menschen ohne Behinderung dieser Altersgruppe: Der Anteil der Ledigen unter den Menschen mit Behinderung beträgt 54 Prozent und bei Menschen ohne Behinderung 41 Prozent. Mit steigendem Alter nähern sich die Quoten – insbesondere bei den Männern – allerdings an.

Zudem reduziert sich die Wahrscheinlichkeit einer Partnerschaft, ganz besonders für Frauen. Wie soll man jemanden rumkriegen, wenn man so lädiert ist, fragte ein junges Mädchen Philippe, nachdem sie zwei Jahre im selben Rehazentrum verbracht hatten: »Das herrschende Schönheitsideal war schon vor meinem Unfall schwer zu erreichen, aber jetzt komme ich mir vor wie ein Stück Abfall, reif für die Tonne.«

Die Behinderung führt zu realen Ängsten, weil man sich verlassen fühlt, ungeliebt, ohne festen Platz in der Familie, der Gemeinschaft oder der Gesellschaft. Man sucht nach einem Schuldigen, und wenn man keinen findet, gibt man sich selbst die Schuld.

Was das angeht, bemerkt Philippe Pozzo di Borgo, habe er sich immer davor gehütet, den nicht behinderten Menschen übelzunehmen, dass sie … nicht behindert sind.

Wenn ein behinderter Mensch, der schon an sich selbst verzweifelt, auch noch sein Umfeld mit Vorwürfen überhäuft und für sein Leid verantwortlich macht, hilft das in keiner Weise. Philippe geht noch einen Schritt weiter:

> Wir sind darauf angewiesen, dass die Menschen auf uns zukommen, weil die Behinderung uns in den meisten Fällen daran hindert, auf sie zuzugehen. Schlagen Sie ihnen also nicht die Tür vor der Nase zu, wenn sie bereit wären, sie zu öffnen. Legen Sie Ihren Teil des Weges zurück. Bleiben Sie freundlich. Versuchen Sie weiter, die anderen für sich einzunehmen, selbst wenn Sie nicht über die herkömmlichen Mittel verfügen, damit diese Lust bekommen, auf Sie zuzugehen.

Menschen, die leiden, egal unter welcher Form von Behinderung, neigen dazu, sich zu vernachlässigen. Ihr Leid tritt dadurch erst recht deutlich zutage, und sie wirken weniger anziehend. Wir interessieren uns nicht von allein für sie und bleiben lieber in der eigenen Welt, unter den eigenen Freunden und in einer angenehmeren materiellen Situation. Wir entfernen uns von diesen Menschen, wie auch sie sich, im Kreis des Leidens gefangen, von uns entfernen.

Menschen mit Behinderung sind vielleicht nicht immer in der Lage, den Anforderungen der Gesellschaft, was Produktivität, Aktivität und Intelligenz betrifft, zu entsprechen; dennoch haben sie ein unglaubliches Bedürfnis nach Beziehungen und Freundschaft.

Der erste Schritt, um diese Erwartung zu erfüllen, besteht darin, sie mit anderen Augen zu sehen.

Dafür muss man sich der Alterität, der »Andersheit«, öffnen, muss akzeptieren, was sich von einem selbst unterscheidet. Mit Hilfe der Etymologie kann man sich oft den tieferen Sinn eines Wortes erschließen. Alterität kommt vom Spätlateinischen *alteritas* und bedeutete ursprünglich Unterschied. Im 12. Jahrhundert jedoch nahm das Wort eine philosophische Dimension an, die der Veränderung, Wandlung. Und genau das wird von uns verlangt, wenn es darum geht, uns dem *Anderen* zu öffnen: Wir müssen hinnehmen, dass wir dabei verwandelt werden, und uns auf das Risiko der Begegnung einlassen.

Die Veränderung geschieht manchmal unbewusst. In einer Szene des Films *Ziemlich beste Freunde* rammt der gewalttätige Driss, ohne zu zögern, einem Autofahrer den Kopf gegen ein Parkverbotsschild, weil dieser es missachtet hatte. Später gerät Driss zum zweiten Mal in eine ähnliche Situation, doch diesmal benimmt er sich anders. Es ist ihm unangenehm, dass ihm das im Beisein seines kleinen Bruders widerfährt, der ihn aggressiver kannte und nun unfreiwillig zum Zeugen seiner tiefgreifenden Veränderung wird.

Lachen, wie es der Film *Ziemlich beste Freunde* bei den Zuschauern auslöst, ist das beste Mittel, um mit anderen Augen sehen zu lernen.

Unter den vielen Zuschriften, die Philippe Pozzo di Borgo nach dem Erscheinen des Films bekam, befanden sich auch Briefe von Menschen, die ihr eigenes Verhalten als Reaktion auf die Geschichte des reichen behinderten Mannes und seines aus einem schwierigen Milieu stammenden Pflegers leicht verändert hatten, zum Beispiel diese Frau, die unumwunden zugibt:

Wenn ich im Bus zwei oder drei in ihre Kapuze eingemummelte junge Schwarze sah, setzte ich mich bisher am liebsten möglichst weit weg. Aber komischerweise habe ich weniger Angst vor ihnen, seit ich den Film gesehen habe. Driss hat mich nicht nur zum Lachen gebracht, sondern mich auch mit seiner zutiefst menschlichen Haltung einem Tetraplegiker gegenüber berührt. Die Geschichte hat meine Sicht der Dinge beeinflusst, weil der echte Driss, der in Wirklichkeit Abdel Sellou heißt, diesem behinderten Menschen zweifellos geholfen hat. Seither betrachte ich die jungen Leute mit anderen Augen. Ich sage mir, dass sie nicht unbedingt nur potenzielle Krawallmacher sind. Wie Driss könnten auch sie auf die eine oder andere Weise einen Beitrag zu unserer Gesellschaft leisten.

Mit ihrer Haltung gehört diese Frau zu den Menschen, die Abdel Sellou in seiner Autobiographie beschreibt, nämlich zur »großen Masse der Blinden, die nichts gesehen hatten, bevor sie nicht *Ziemlich beste Freunde* gesehen haben«.[18] Die Begegnung mit Philippe aber, so gibt er bescheiden zu, habe auch ihm die Augen geöffnet und seinen Blick auf die Welt der Wohlhabenden verändert, die er zuvor nur mit Hass betrachtet hatte.

Für ihn lautet die Lehre aus der Geschichte seiner Beziehung zu Philippe Pozzo di Borgo, »dass die Gewalt über seinen Körper zu verlieren nicht automatisch bedeutet, dass man sein Leben verliert. Dass Behinderte keine Tiere sind, die man anstarren kann, ohne rot zu werden, und dass es auch keinen Grund gibt, ihren Blicken auszuweichen.«[19]

Es ist wiederum dem Lachen zu verdanken, dass Juliette,

eine Pflegerin, die seit einem Schlaganfall im Rollstuhl sitzende Liliane mit anderen Augen sehen lernte. Als Helferin bei Simon de Cyrène kümmerte sie sich ohne große Begeisterung um die behinderte Frau. Liliane war schwierig, und Juliette konnte ihre Sticheleien nur schwer ertragen. Die beiden Frauen mochten sich nicht besonders. Eines Tages kam Juliette zu spät zur Morgentoilette. Die giftigen Bemerkungen, die Liliane ihr entgegenschleuderte, trafen sie zutiefst, und sie fing vor Erschöpfung und Gereiztheit an zu weinen. Zu ihrer großen Überraschung brach daraufhin auch Liliane in Tränen aus. Die beiden schluchzten im Chor, bis sie sich auf einmal in die Augen schauten und ihnen aufging, welchen Anblick sie da boten. Ihr Weinen schlug sofort in einen Lachanfall um.

Zusammen zu lachen schlägt eine Brücke zwischen den Menschen und offenbart eine Verbindung, die alle Unterschiede überwindet.

Diese Erfahrung machte Jean Vanier zu der Zeit, als er die Arche gründete:

Ich war lange ein sehr ernster Junge. Meine Ausbildung absolvierte ich an einer Militärakademie, und gleich nach dem Zweiten Weltkrieg, in einer politisch und menschlich schwierigen Zeit, heuerte ich bei der Marine an. Ich wählte meinen Weg mit Bedacht, wurde ein fleißiger Student und vertiefte mich in die Philosophie, weil ich die Welt verstehen wollte, dann lehrte ich als Dozent. Und mit einem Mal, in der kleinen Arche-Gemeinschaft im Werden, begriff ich, dass man sich in Gesellschaft von geistig behinderten Menschen immer und überall auf alles Mögliche gefasst machen kann. Sie können völlig ungehemmt und mit dem Gemüt eines Kindes auf Situationen reagieren, in denen wir für gewöhnlich streng darauf achten, ernst zu bleiben. Raphaël, der Späße liebte, wollte nicht auf seine Albernheiten verzichten, nur weil ein Inspektor aus Beauvais zur Kontrolle zu uns kam. Beim Mittagessen reichte er ihm mit einer Engelsmiene das Senfglas. Als der Inspektor es aufschraubte, sprangen ihm weiche Gummiwürmer ins Gesicht. Und wir brachen alle in lautes Gelächter aus!

Die Menschen, die wir in der Arche aufnahmen, sprachen nicht dieselbe Sprache wie ich, der ich aus der Welt der Wirtschaft, Philosophie und Politik kam. Ihre Reden wurden immer wieder von Gelächter unterbrochen, sie lachten über lauter Kleinigkeiten, denen ich vorher keinerlei Beachtung geschenkt hätte. Von Anfang an nutzten wir jeden Anlass zum Feiern, seien es nun Geburtstage, der Besuch von Gästen oder die Begrüßung von Neuankömmlingen. Wir hatten gute Laune – ohne Alkohol und Drogen. Und ich ließ mich von diesen Begegnungen wirklich verwandeln, weil ich durch sie mein kindliches Gemüt wiederentdeckte.

Den Menschen, der sich von uns unterscheidet, anders zu betrachten bedeutet, dass wir uns unseren Schwächen ebenso stellen wie unserer Angst vor allzu großer Ähnlichkeit mit jemandem, der von der Norm abweicht. Eine Szene im Film macht dies besonders deutlich, nämlich die, als Philippe erklärt, er werde Driss einstellen, den im Prinzip ungeeigneten jungen Mann mit der wenig glorreichen Vergangenheit, weil dieser ihn als Menschen betrachte und nicht durch diesen bestimmten Blick auf die Behinderung reduziere.

DIE BEHINDERUNG SCHÜCHTERT SIE EIN?

Gehen Sie schrittweise vor

Cerrie Burnell ist eine attraktive Frau um die dreißig. Groß, schlank, mit lockigem, schulterlangem blondem Haar, war sie die ideale Besetzung als Moderatorin der täglich ausgestrahlten BBC-Sendung *CBeebies* für ein sehr junges Publikum. Als Mutter eines vier Monate alten Babys wusste sie genau, wie sie ihre jungen Zuschauer mit ihrer sanften Stimme fesseln konnte.

Doch das 2009 gestartete Programm war kaum einen Monat alt, da wurde die BBC mit (fast ausschließlich anonymen) Briefen überschüttet, in denen Eltern sich beschwerten, dass die Moderatorin ihren Kindern mit ihrer Behinderung Angst mache.

Cerrie Burnells rechter Arm endet auf der Höhe des Ellbogens.

Ein Vater schrieb, seine zweijährige Tochter dürfe sich die Sendung nicht ansehen, weil er fürchtete, dass sie beim Anblick von Cerries Arm Albträume bekäme. Einige Eltern beklagten sich darüber, dass ihre Kinder sie mit ihren Fragen zwangen, über das Thema Behinderung zu sprechen, »bevor sie so weit waren«. Jemand anders behauptete einfach, es sei doch allseits bekannt, dass Kinder Angst vor behinderten Menschen hätten.

Cerrie Burnell selbst aber berichtet von ganz anderen Reaktionen der Kinder auf ihre fehlende Hand:[20]

Auf der Straße kommen jeden Tag Kinder zu mir und fragen mich, was mit meinem Arm los ist. Ich habe nicht das Gefühl, dass sie sich fürchten, sondern eher, dass sie neugierig sind. Ich nehme mir immer die Zeit, ihnen zu erklären, dass ich bereits so geboren wurde, mit nur einer Hand. Denn das ist es, was sie wirklich wissen wollen – warum ich anders bin als sie. Dann ist für sie das Thema erledigt. Es steht mir nicht zu, Eltern beziehungsweise ihren Wunsch, mit ihren Kindern über behinderte Menschen zu sprechen oder nicht, zu beurteilen. Das ist Privatsache, und jeder sollte es so handhaben, dass er sich damit wohl fühlt. Trotzdem hoffe ich, dass meine Anwesenheit in einer Sendung für junge Zuschauer dazu anregt, die Behinderung zu thematisieren, und dass die Menschen in Ruhe bei sich zu Hause darüber reden.

Cerrie Burnell verlor ihre Stelle nicht, und sie bekam sogar noch viel mehr Briefe, in denen sie gebeten wurde, zu bleiben. Für Sir Bert Massie, der sich seit vierzig Jahren für die Integration von Menschen mit Behinderung einsetzt, liegt das Problem bei den Eltern, nicht bei den Kindern: »Erwachsene mit Vorurteilen oder einer negativen Einstellung zur Behinderung projizieren ihre eigenen Ängste auf die Kinder.«

Um unsere negative Sichtweise zu überwinden, müssen wir akzeptieren, dass die Behinderung uns verstört und betroffen macht. Denn, wie Philippe Pozzo di Borgo ironisch sagt: »Wir Behinderten sind nicht immer besonders ansehnlich.«
Manchmal fühlen wir uns unbehaglich, weil wir Angst haben, uns ungeschickt anzustellen. Bevor er sich mit Phi-

lippe Pozzo di Borgo traf, um an dem Film zu arbeiten, so erzählt Omar Sy, habe er sich Gedanken darüber gemacht, wie er sich ihm gegenüber verhalten sollte. Er fürchtete, ihn mit seinen Blicken zu verletzen.[21]

Wie verhalte ich mich respektvoll, wenn ich einen behinderten und möglicherweise hilfsbedürftigen Menschen auf der Straße sehe? Soll ich ihm meine Unterstützung anbieten oder ihn ignorieren, um ihn nicht vor aller Augen an seine Behinderung zu erinnern? Keine leichte Entscheidung, ist man doch hin- und hergerissen zwischen seinem Gewissen einerseits und Gefühlen der Abneigung oder der Angst vor Zurückweisung andererseits.

Zu allem Überfluss könnte derjenige, dem ich meine Hilfe anbiete, sie ja auch ablehnen. Eine leise innere Stimme will mir einreden, es gar nicht erst zu versuchen: »Sonst machst du dich noch lächerlich, wenn er dich auf offener Straße abblitzen lässt.«

Wir sind geneigt, einen Menschen mit Behinderung nicht als vollwertig zu betrachten und ihm das Recht auf eine eigene Meinung abzuerkennen. Das Recht zu sagen: »Nein, ich will nicht«, das Recht auf einen eigenen Charakter, auf einen eigenen Geschmack, auf eigene Bedürfnisse. Wir verwehren ihm das Recht, kompetent zu sein, unleidlich oder gut gelaunt, fröhlich oder traurig, als würde dieser Mensch einzig und allein aus seiner Behinderung bestehen und sich über nichts anderes Gedanken machen. Wenn er es sich zudem herausnimmt, nicht mit ausreichender Dankbarkeit auf unser ach so großzügiges Angebot zu reagieren, machen wir ihm einen Vorwurf daraus. Und wenn wir zwei Menschen, der eine behindert, der andere nicht, begegnen, wenden wir uns im Allgemeinen lieber an den Letzteren –

ein deutliches Indiz dafür, wie schwer es uns fällt, auf jemanden zuzugehen, der nicht »normal« ist.

Mit dem *Anderen* umzugehen will gelernt sein.

Unser Verhalten nimmt sehr früh schon feste Formen an und folgt den gültigen Normen. Unsere Angst vor der Verletzlichkeit treibt uns dazu, einen Schutzwall zu errichten, der uns von denen trennt, die nicht unseren Kriterien entsprechen.

Was über Jahre hinweg entstanden ist, kann nur schrittweise abgebaut werden. Es dauert lange, den Schutzwall abzureißen.

Wir dürfen nicht glauben, dass freiwilliges Engagement unsere Hemmungen wie mit dem Zauberstab auflösen würde. Jean Vanier erinnert sich an die Gründungszeit der Arche, als er mit den besten Absichten einiges unternahm, gegen das die ersten Bewohner der Arche, Raphaël und Philippe, sich mit Händen und Füßen wehrten. Dass sie geistig behindert waren und in den Augen der Welt als vollkommen unfähig galten, störte sie wenig – sie hatten trotzdem keine Lust, sich von einem an Gehorsam gewöhnten Marineoffizier herumkommandieren zu lassen. Auch sie hatten Wünsche und ließen sich nicht daran hindern, sie zu äußern, ob das nun in Jeans Konzept passte oder nicht. Nicht zuletzt hatten die Bewohner des Dorfes, in dem die erste Arche-Gemeinschaft entstand, eigene Vorstellungen.

Heute ist mir klar, dass es falsch war, die Gemeinschaft so schnell im Dorf integrieren zu wollen, ohne die Sorgen und Berührungsängste seiner Bewohner zu berücksichtigen. Es verletzte mich, dass manche es ablehnten, Menschen mit einer Intelligenzminderung im Ort aufzunehmen, dass sie nicht begreifen wollten, wie wichtig es ist, sie einzugliedern. Zum einen habe ich die Bedürfnisse der Bewohner von Trosly-Breuil nicht ausreichend in Betracht gezogen und zum anderen nicht erkannt, wie wichtig es ist, zusammenzuarbeiten. War es auch das Hauptanliegen der Arche, Menschen mit einer geistigen Behinderung ein möglichst selbstbestimmtes Leben zu ermöglichen, so galt es doch zugleich, sich in die vorhandene Dorfgemeinschaft einzugliedern.

Die Erfahrung hat bestätigt, wovon man beim Verein Simon de Cyrène von vornherein ausging, nämlich dass eine Integration in eine städtische Umgebung sinnvoller ist. Als die ersten Lebensgemeinschaften von Menschen mit und ohne Behinderung entstanden, fing die Integration gleich bei den Bewohnern des Gebäudes an, in dem die Wohnungen geschaffen wurden. Um deren Vorurteile zu zerstreuen, lud man sie von Anfang an herzlich ein, vorbeizukommen und für ein paar Stunden am Leben in der Gemeinschaft teilzunehmen. Zurzeit wird daran gearbeitet, jede Lebensgemeinschaft für Außenstehende zu öffnen.

Regelmäßiger Kontakt mit behinderten Menschen ist hilfreich, um Ängste abzubauen und auf das *Andere* zuzugehen. Wir sollten uns nicht von dem manchmal etwas irritierenden Bild, das die Behinderung bietet, in die Flucht schlagen lassen. Mit etwas Mut und manchmal einer gehörigen Portion Geduld kann man seine Ängste zerstreuen. Lassen wir uns Zeit. Finden wir uns damit ab, dass unsere Reaktion auf die Behinderung nicht zu unseren wohltätigen Idealen passt. Philippe Pozzo di Borgo erinnert sich daran, dass seine Mutter starr war vor Angst, als sie ihn nach dem Unfall schrecklich leiden sah.

> Kaum hatte sie den Raum betreten, ging sie in Tränen aufgelöst wieder hinaus. Schließlich bat ich sie, sich bei ihrem nächsten Besuch ein bisschen zusammenzureißen. Ich wollte, dass sie sich neben mich setzt und wartet, bis sie sich beruhigt hat, so dass wir uns gegenseitig trösten können, anstatt mir ansehen zu müssen, wie sie tieftraurig weggeht und sich grämt, weil sie nicht mit der Situation fertig wird.

Viele Eltern leiden sehr darunter, dass sich der Lebensweg ihres Sprösslings von dem anderer Kinder unterscheidet. Die Tatsache, dass ihr Sohn oder ihre Tochter nicht die üblichen Kriterien erfüllt, belastet sie derart, dass ihre Gedanken manchmal nur noch um die Frage der Normalität kreisen. Sie kommen gar nicht dazu, sich die wertvollen Eigenschaften und besonderen Fähigkeiten ihres Kindes vor Augen zu führen. Die Eltern sind verletzt und neigen in ihrem Kummer dazu, sich zurückzuziehen. Sie brauchen unbedingt Unterstützung, damit sie zwischendurch Luft holen können und nicht von ihrer Arbeit und der Belastung durch ihre schwierige Situation erstickt werden. Es ist kein Leichtes, seinem Kind zu helfen, ein möglichst freies, selbstbestimmtes und glückliches Leben zu führen. Doch für den Betroffenen ist es ein genauso langer Weg.

Ohne Rückhalt in der Gruppe kann man ihn kaum erfolgreich bewältigen.

WECHSELSEITIGE ABHÄNGIGKEIT

Der Erfolg des Films *Ziemlich beste Freunde* war für alle überraschend, ganz besonders für die, auf deren Geschichte das Drehbuch basiert. Zwei Männer, jeder auf seine Weise mit einer Behinderung konfrontiert, werden aus unserer westlichen Gesellschaft, in der Vereinsamung zum Alltag gehört, ausgeschlossen. Sie unterstützen sich gegenseitig und finden so wieder einen Platz in der Gemeinschaft. Weil sie aufeinander angewiesen sind, lassen sie sich auf das Risiko einer Beziehung ein. Das fasst Abdel Sellou in seiner Autobiographie charmant in Worte, wenn er schreibt, Philippe habe ihm seinen Rollstuhl wie eine Krücke angeboten, auf die er sich stützen konnte. Doch das war nicht selbstlos von Philippe, wie er ganz klar sagt:

> Ich weiß nicht, was ein freiwilliges Geschenk sein soll. Für mich ist es eine Art, mit mir ins Reine zu kommen, wenn ich mich den anderen zuwende. Nicht einmal ich gehe in einer Art kollektiver Heiligkeit auf und gebe, ohne zu nehmen. Als Mensch schöpfe ich meine Realität aus dem Blick des anderen, und umgekehrt gilt dasselbe.

Wir sitzen alle im selben Boot, und unsere wechselseitige Abhängigkeit ist der Motor. Verletzliche Menschen haben die erstaunliche Fähigkeit, uns dies vor Augen zu führen. Sie sind in mancher Hinsicht schwach und auf Beziehungen angewiesen, wohingegen starke Menschen sich nie auf eine Beziehung einlassen. Starke Menschen drohen uns oft zu erdrücken. Wenn wir mit ihnen konfrontiert werden, sind wir entweder versucht, selbst dominanter aufzutreten, oder wir ziehen uns hinter unseren Schutzwall zurück.

Gerade Menschen mit Behinderung haben, manchmal zu einem sehr hohen Preis, gelernt, dass die gesellschaftlich gültigen Werte – Leistung, Effizienz, Rentabilität – nicht mit Glück einhergehen. Glück hängt vielmehr mit unserer wechselseitigen Abhängigkeit zusammen.

Der berühmte Physiker und Mathematiker André-Marie Ampère, ein überzeugter Humanist, sagte: »Und wenn ich alles besäße, was man sich nur wünschen kann, wäre ich doch nicht glücklich, weil mir alles fehlen würde, nämlich das Glück der anderen.«

Wenn uns klarwird, dass wir das *Andere* brauchen, dass wir zusammen da sind, einer für den anderen, dann erst begreifen wir, was wechselseitige Abhängigkeit wirklich bedeutet. Es geht nicht darum, sich zu versklaven, sich abhängig zu machen, die Verletzlichkeit zu verherrlichen oder die eigenen Fähigkeiten zu verleugnen. Es geht vielmehr um einen Lernprozess und um das Akzeptieren der Tatsache, dass wir etwas von denen annehmen, die nicht im üblichen Sinn einen »Mehrwert« für die Gesellschaft darstellen.

Wir behaupten, dass wir uns, wenn wir uns auf eine Freundschaft mit den Verletzlichen einlassen, von einer egozentrischen, auf Konkurrenzdruck und Unterdrückung basierenden Welt befreien und zum Aufbau einer menschlicheren Zukunft beitragen. Das mag übertrieben oder gar unmöglich klingen, aber zu diesem Ergebnis haben uns unsere jeweiligen Erfahrungen geführt.

Die Verletzlichkeit fordert uns auf, wieder eine gemeinschaftliche Dimension zu erschaffen. Dabei soll der technische Fortschritt dieses Jahrhunderts nicht geleugnet, sondern in eine humanere Gesellschaft eingebunden werden, in der jeder Mensch so akzeptiert wird, wie er ist.

Doch selbst wenn wir den anderen akzeptieren und ihm mit Respekt begegnen, müssen wir den Tatsachen ins Auge sehen: Die Verletzlichkeit bringt unsere Mängel ans Tageslicht. Wir müssen darauf gefasst sein, mit unseren eigenen Ängsten konfrontiert zu werden. Diese können wiederum sogar Aggressionen auslösen, wie Jean Vanier berichtet:

> Jacques schrie häufig. Eines Tages brüllte er mindestens zwei Stunden lang. Ich hielt es nicht mehr aus. In mir brodelte es, ich verspürte eine Gewaltbereitschaft, die ich nicht kannte, oder zumindest war ich bis dahin überzeugt gewesen, dass ich sie unter Kontrolle hatte. Die Angst, die er mit seinem Schreien ausdrückte, machte mich auf meine eigenen Ängste aufmerksam. Sprachlos beobachtete ich, wie in mir Aggressivität hochkochte. Mein Schutzwall stürzte ein. Ebenso entgeistert wie entsetzt nahm ich wahr, dass verletzliche Menschen zwar an das Gute in mir appellierten, aber auch die Fähigkeit hervorriefen, Böses zu tun.

Am häufigsten geben wir uns in unserer Beziehung mit verletzlichen Menschen der Illusion hin, dass wir gut sind, unverwundbar. Und dann holt uns plötzlich die Wirklichkeit ein. Wir ärgern uns über Jeannes unkoordinierte Bewegungen, wenn sie den Löffel zum Mund führt, Jacques' Schreie gehen uns auf die Nerven, Claras ewiges Fragen nach unserem Vornamen treibt uns zur Weißglut. Wir merken, dass der verletzliche Mensch unerträglich für uns wird und unsere Ängste und Abwehrmechanismen weckt. In diesem Moment ist es sehr wichtig, sich einzugestehen, dass Gewalttätigkeit in uns schlummert. Nur so kann man sie überwinden.

Eine wirkliche Gemeinschaft von Schwachen und Starken schützt in dem Fall vor einer Entgleisung, bei der, selbst wenn es nicht zu physischer Gewalt kommt, beide Seiten verletzt werden könnten. Die Gruppe ist absolut notwendig, um die Gefühle äußern zu können, die man bis dahin zu beherrschen glaubte.

Die wechselseitige Abhängigkeit braucht man also nicht erst zu entdecken, wenn man darauf angewiesen ist. Man kann sie auch im täglichen Leben finden. Vielleicht fällt uns ja in der Schule, bei der Arbeit, in unserem Haus jemand auf, der besonders verletzlich ist und auf den wir zugehen könnten. Ein erster Schritt – diskret, schüchtern, zögerlich –, gefolgt von einem zweiten, hilft uns, allmählich die Barriere einzureißen, die uns von diesem Menschen trennt.

IM WORT »UNBERÜHRBAR« STECKT
DIE BERÜHRUNG

In Indien gelten die aus dem Kastensystem ausgeschlossenen Unberührbaren kaum als Menschen. Die Dalits (die Zertretenen), wie sie sich selbst nennen, werden als unrein angesehen und schrecklich diskriminiert. Sie sind buchstäblich unberührbar, denn wenn man mit ihnen oder auch nur mit ihrem Schatten in Kontakt kommt, wird das als Besudelung empfunden. Die Ablehnung der Dalits als gesellschaftlicher Gruppe spiegelt sich in der Aversion gegen ihren Körper.

Eine Szene im Film *Ziemlich beste Freunde* (Originaltitel: *Intouchables*, Die Unberührbaren) erzählt mit Humor von der Bedeutung der Berührung in Beziehungen mit verletzlichen Menschen. Driss protestiert, als er merkt, dass es zu seiner neuen Aufgabe als Pfleger gehört, seinem querschnittsgelähmten Chef Kompressionsstrümpfe anzuziehen. Mit allen möglichen Argumenten versucht er, darum herumzukommen, weil er die Aufgabe als erniedrigend empfindet, zumal er sich dazu hinknien müsste, eine Position, die Unterwerfung signalisiert. Doch schließlich gibt er nach.

Frei von einer sexuellen Komponente drückt man durch die Berührung aus, dass man die Verletzlichkeit des anderen akzeptiert – aber auch die eigene.

Regelmäßig stellen wir fest, dass die Beziehung mit einem verletzlichen Menschen sich durch die Berührung tiefgreifend wandelt und eine unerwartete Dimension erhält. Mehrere Helfer erzählten uns beschämt, dass sie zunächst wenig begeistert waren, als sie merkten, wie viel Körperpflege zu ihren Aufgaben gehörte. Medikamente zu verteilen, Wäsche zu waschen, in den Zimmern staubzusaugen – das alles fiel ihnen nicht schwer. Doch dass das Waschen so wichtig sein sollte, störte sie. Ein Großteil der Körperpflege wird von geschultem Personal ausgeführt. Aber es ist klar, dass man nicht auf die Krankenschwester wartet, um jemandem, der sich aufgrund mangelnder Beherrschung der Mundmuskulatur beim Essen bekleckert hat, das Gesicht abzuwischen oder um mit ihm, wenn nötig, auf die Toilette zu gehen.

Jeder von uns machte die Erfahrung, dass eine große Kraft von der Berührung ausgeht und dass sie Beziehungen festigt, Jean Vanier allen voran:

> Einmal musste ich einen Mann mit geistiger Behinderung baden, er war furchtbar unruhig. Damals war ich jung, groß und ziemlich stark, doch ich konnte ihn nur mit Mühe bändigen. Während ich ihn in den Armen hielt, machten wir beide eine Wandlung durch. Er beruhigte sich nach und nach, als würden wir uns auf eine andere, möglicherweise primitive, aber trotzdem sehr reale Art verständigen. Tief in unserem Inneren geschieht etwas, wenn wir andere mit Respekt berühren, und diese Erfahrung mündet in einer echten Beziehung. Wir verstehen andere Menschen nicht nur mit Hilfe unserer Intelligenz, sondern mit dem ganzen Körper.

Philippe Pozzo di Borgo stellt fest, dass seine Gesprächspartner weniger angespannt sind, wenn sie ihn vorher berührt haben.

Die Weigerung, jemanden zu berühren, mag mit der Angst zusammenhängen, ihm Schmerzen zuzufügen.

Aber man kann mich ja fragen, ob die Berührung mich verletzt. Ich habe auch das Gefühl, dass die Angst, mich und meine Behinderung zu berühren, darin begründet ist, dass sie bei den anderen ihre eigene Angst vor dem Tod wachruft. Allerdings nehme ich auch körperlich eine Beruhigung wahr, nachdem der Kontakt hergestellt wurde und die Abwehr meines Gegenübers nachgelassen hat.

Von der Berührung zur Zärtlichkeit

Die Ablehnung der Berührung hängt häufig mit ihrer sexuellen Konnotation zusammen. Tatsächlich ist sie aber eine Hinwendung zur Zärtlichkeit, wobei die Zärtlichkeit, die wir meinen, nicht unterdrückte sexuelle Lust ist, sondern eine Bestätigung des *Anderen* in seinem Selbstwert und in seinem Gefühl zu existieren. Es ist ein beruhigender, sanfter, zarter Kontakt. »Eine zärtliche Geste«, so der inzwischen verstorbene Arche-Psychiater Patrick Matthias, »ist zugleich ein inniger Akt und eine körperliche Art, das Gefühl eines sozialen Bandes zu vermitteln.«

Im Gegenzug geben wir unseren Schutzpanzer auf. Wir entblößen uns und setzen uns dem Risiko aus, verletzt zu werden. Zärtlichkeit ist ein entscheidendes Gefühl, denn sie drückt aus, dass wir uns gegenseitig ergänzen, und festigt die Beziehung.

Mit Geduld kann sie sich voll entfalten. Das hat Hélène zusammen mit Edith entdeckt.

Ich war überzeugt, dass ich zärtlich zu Edith war, die ich pflegte, und dass ich sehr viel Geduld aufbrachte. So war ich dann auch insgeheim eingeschnappt, weil ich das Gefühl hatte, dass sie meine Bemühungen ablehnte. Ihr Verhalten erklärte ich mir mit ihren eigenen Verletzungen, die mit ihrer Behinderung zusammenhingen. Doch ein Kollege machte mich darauf aufmerksam, dass ich ruppig wurde, wenn die zu erledigende Aufgabe nach meinem Ermessen zu lange dauerte. So würde ich Hélène nicht helfen, in ihrem eigenen Tempo Fortschritte zu machen, sondern sie im Gegenteil entmutigen. Es fiel mir nicht leicht, mich zu ändern, doch ich strengte mich noch mehr an, achtete auf das geringste Beben, das mich durchlief, die kleinsten Veränderungen, die darauf hindeuteten, dass ich ungeduldig wurde. Allmählich besserte sich unsere Beziehung, und ich begriff, dass meine vermeintlich zärtlichen Gesten oft nichts als höfliche Fürsorge gewesen waren. Als ich die Geduld erlernt hatte, wunderte ich mich selbst am meisten, welch enormen Nutzen ich daraus zog! Ich kam innerlich zur Ruhe, ohne dass ich meine Aufgabe weniger engagiert oder verantwortungsvoll erfüllt hätte, im Gegenteil, die Geduld verlieh mir eine erstaunliche Kraft und erlaubte es mir, die neu entstandene Zärtlichkeit zwischen Edith und mir zu genießen.

Von der Zärtlichkeit zur Geduld

Wir sind ungeduldige Menschen in einer ungeduldigen Gesellschaft. Wir gönnen unserer Persönlichkeit nicht die für ihre Entwicklung erforderliche Zeit zum Lernen und zum Heranreifen. Ebenso fehlt uns oft die Zeit, um Projekte, für die man einen längeren Atem braucht, zu einem guten Ende zu bringen. In unserer impulsiven Kultur, in der man »alles, am besten sofort« haben möchte, kann die zeitliche Verschiebung zwischen dem Äußern eines Wunschs und seiner Befriedigung eine unerträgliche Frustration mit sich bringen. Wir »zappen« von einem Wunsch zum nächsten, ohne die Früchte zu ernten, ohne die Lehren daraus zu ziehen. Was wir unseren Kindern in zartem Alter eintrichtern, lehnen wir im Erwachsenenalter ab. Unruhe und Ungeduld sind die Merkmale unserer egozentrischen Gesellschaft. Das gilt nicht bloß für den Wunsch, Besitz anzuhäufen, sondern auch für unsere Art, mit Beziehungen umzugehen. Denn Freundschaft will sorgsam gepflegt sein, ungeachtet aller Verschiedenheit. Es dauert Monate, ja sogar Jahre, eine funktionierende Gemeinschaft aufzubauen.

Mangelnde Geduld hängt gelegentlich mit altem Leid zusammen. Die Verletzungen, die man im Lauf seines Lebens erlitten hat, können sich in Ärger und Gereiztheit äußern. Auf die Spitze getrieben, kann Ungeduld sogar zu selbstzerstörischem Verhalten führen.

Wer behindert ist, wird nicht automatisch geduldig! Geduld will gelernt sein. Philippe Pozzo di Borgo geht davon aus, dass er nur aufgrund seiner Geduld mit seiner Behinderung umgehen kann. Er, der früher nie besonders geduldig war, merkte, dass sie ihm dabei half, sich nicht hinter den Mauern der Behinderung zu verkriechen.

Geduld verhilft mir dazu, liebenswürdig zu bleiben, was mir im Endeffekt nur dazu dient, zu überleben und mich in Gesellschaft anderer wohl zu fühlen. Nachdem die Behinderung mein Tempo verlangsamt hatte, wurde mir bewusst, dass wir uns mit unseren hektischen Bemühungen, sofort – also ohne eine Sekunde nachzudenken – auf den geringsten Impuls zu reagieren, auf dem Holzweg befinden. Durch mangelnde Geduld halten wir die Illusion aufrecht, die Zeit und unsere Umgebung im Griff zu haben.

Geduld ist die wichtigste Voraussetzung, wenn es darum geht, für verletzliche Menschen da zu sein und ihnen Raum geben zu können. Umso mehr, als ihr Verhalten manchmal verwirrend ist, besonders wenn die Behinderung mit kognitiven oder psychischen Störungen einhergeht.

Jean Vanier merkte, dass er sein Tempo drosseln und aufmerksamer sein musste, dass er sich besser darauf konzentrieren musste, *da* zu sein, damit sich seine Beziehung zu körperlich wie geistig schwerbehinderten Menschen voll entfalten konnte. Bei einem Krankenhausaufenthalt vor einigen Jahren lernte er eine weitere Lektion in Sachen Geduld, da nicht klar war, wie lange er krank bleiben und wie viel Zeit die Genesung beanspruchen würde, und da er außerdem seine Eigenständigkeit eingebüßt hatte.

Laurent de Cherisey begriff, wie wichtig Geduld ist, als sein Projekt, die Gründung des Vereins Simon de Cyrène, konkrete Formen annahm:

Anfangs habe ich mich mit dem gleichen Unternehmergeist, der bis dahin meinen Berufsweg geprägt hatte, in das Abenteuer Simon de Cyrène gestürzt. Ich war davon überzeugt, dass das Projekt in maximal zwei Jahren Gestalt angenommen haben würde … Nach zwei Jahren war dann noch nicht einmal der Grundstein gelegt!

Vor lauter Frust und Ungeduld hätte ich am liebsten alles hingeworfen. Doch dank der Unterstützung einer Gruppe von Menschen, die meine Vision einer humaneren Gesellschaft teilten, in der auch die Schwachen und Verletzlichen einen Platz haben, hielt ich durch. Selbstverständlich ermüdet man am Ende, wenn man alleine kämpft. Wer die Dinge verändern will, muss sich unermüdlich anstrengen, und er muss Geduld aufbringen. Das Gegenteil einer schlaffen Haltung, eines »Wozu das alles?«, die dazu führt, dass man aufgibt. Geduld drückt sich im schwierigen Gleichgewicht zwischen der ursprünglichen Motivation und dem zu einem guten Ende geführten Projekt aus.

Für Jean Vanier beginnt Geduld schlicht dort, wo unsere Situation vollkommen unerträglich geworden ist und wir an unsere Grenzen stoßen.

EINE INNERE REVOLUTION

Nach seinem Unfall wachte Philippe Pozzo di Borgo plötzlich in einem sterilen, weißen und stillen Krankenhauszimmer auf, einem farblosen und, außer dem Ätherduft, geruchlosen Raum. Im Alter von 42 Jahren machte er zum ersten Mal in seinem Leben eine Pause. Zu seiner großen Überraschung entdeckte er die wohltuende Wirkung der Stille.

Vorher machte ich Krach. Ich war ununterbrochen in Bewegung. Man glaubt, dass Bewegungen lautlos sind, doch das stimmt nicht. Es ist Lärm. Nie kam ich zur Ruhe. Selbst als meine Frau ernsthaft erkrankt war, rannte ich wie wild herum, um meine Sorge um sie zu vergessen. Erst als ich mich reglos in einem fast immer stillen Raum wiederfand, merkte ich, dass ich mein ganzes Leben einen Höllenlärm veranstaltet hatte. In dieser Stille fand ich wieder zu mir. Ich stellte mir die richtigen Fragen. War meine Getriebenheit berechtigt? Die Stille lehrte mich, dass meine Persönlichkeit weniger glatt war, als ich bisher dachte. Lange Zeit hatte ich unstillbare Gelüste gehabt, ich war darauf abgerichtet, die ganze Erde zu verschlingen. In der Firma trug ich den Spitznamen »der Bulldozer«. Nun fand ich heraus, dass ich verletzlich war und ganz anders als angenommen. In der Stille nahm ich jedes Detail wahr, jeden Ton, jede Bewegung. In diese Tiefe versenkte ich mich und schöpfte daraus einen ungeahnten Reichtum.

Wenn man die Stille zulässt, vermag man wahrzunehmen, was man sich im tiefsten Herzen wünscht. Die Konfrontation mit den eigenen Wünschen löst oft unerträgliche Ängste aus. Und wir versuchen dieses real existierende seelische Leiden, so gut es geht, mit hektischer Betriebsamkeit zu übertönen. Behinderte Menschen sind wie alle anderen geneigt, sich der Diktatur des von Philippe Pozzo di Borgo erwähnten »Höllenlärms« zu unterwerfen.

Doch wie Jean de La Fontaine einmal bemerkte: »Sich selbst erkennen ist das oberste Gebot.« Frankreich gehört zu den Ländern mit dem höchsten Verbrauch an Psychopharmaka.[22] Es mag sein, dass man Medikamente nehmen muss, um seelisches Leid zu lindern, doch sie können nicht die einzige Antwort auf Angstzustände sein.

Seltsamerweise kann man sich sogar mit Musik – diesem wunderbaren Raum menschlicher Verbundenheit – betäuben und so der Konfrontation mit sich aus dem Weg gehen. In seiner Biographie berichtet Abdel Sellou, er habe sich selbst im Gefängnis, wo die Tage lang sind und gut zum Nachdenken geeignet, lieber vor den Fernseher gesetzt, als Lehren aus seinen Erfahrungen zu ziehen.

Wir sollten also der Stille – einer Öffnung hin zur Verschiedenheit – in Beruf und Privatleben wieder Raum geben. Stille ist vor allem ein Geisteszustand, in dem wir, dadurch, dass wir unsere Unsicherheit und unsere Fragen akzeptieren, die eigene Einzigartigkeit genauso anerkennen wie die der anderen.

Denn wir sind alle einzigartig. Es gibt keine zwei Menschen mit denselben Fingerabdrücken oder demselben genetischen Code. Wir müssen die Unterschiede zwischen uns gelten lassen, anstatt sie durch eine kollektive Formatierung, aus der unangepasste oder nicht anpassungsfähige Menschen ausgeschlossen wären, zu tilgen. Aus unserer Einzigartigkeit kann Einheit entstehen – die Einheit einer wohlwollenden Gesellschaft, in der wir wieder Erfüllung finden.

»Man versteht überhaupt nichts von unserer heutigen Zivilisation, wenn man nicht von vornherein zugibt, daß sie eine Weltverschwörung gegen jedes innere Leben ist«, schrieb einmal der französische Autor Georges Bernanos.[23] Spirituelles Wachstum ist eine Illusion, solange wir unsere Sterblichkeit und Unvollkommenheit, die Grundbedingungen der menschlichen Existenz, nicht akzeptieren, genauso wie es unmöglich ist, ein ganzer Mensch zu sein, solange wir die Notwendigkeit der Spiritualität nicht anerkennen.

Jeder Mensch kann seinen spirituellen Weg frei wählen. Wir sprechen hier nicht von religiösem oder philosophischem Tourismus, bei dem man sich hier und da gedankenlos herauspickt, was man gerade gebrauchen kann, um seine inneren Ängste oberflächlich zu kurieren. Wir stellen uns die Spiritualität als notwendigen Halt vor, als Nährboden für die eigenen Fragen zur Realität und zu Sehnsüchten des Menschen. Auf dem Grunde seines Herzens, in der Innerlichkeit, im eigenen Mysterium entdeckt man das *Andere*.

Jean Vanier möchte in diesem Zusammenhang eine besonders aufschlussreiche Geschichte erzählen, die zeigt, welche Vorurteile über das Seelenleben geistig behinderter Menschen herrschen. Nicht bloß die Barriere der Ablehnung gilt es zu überwinden, sondern auch die der Unwissenheit.

Der geistig behinderte François hatte gerade seine Erstkommunion empfangen. Nach der kirchlichen Zeremonie nahm die Familie bei den Eltern des Jungen eine gemeinsame Mahlzeit ein. François' Patenonkel flüsterte der Mutter ins Ohr, er bedaure es sehr, dass der Junge angesichts seines geistigen Zustands nichts von der Zeremonie begreife. Das verletzte François' Mutter, und ihr kamen die Tränen. Ihr kleiner Sohn, der die Bemerkung gehört hatte, kam zu ihr und tröstete sie: »Mach dir keine Sorgen, Mama, Gott liebt mich, wie ich bin.«

François' einfache Worte verdeutlichen, dass auf dem Gebiet des Unsagbaren, der Innerlichkeit, der Intimität des spirituellen Lebens, dessen Ausdruck und Intensität individuell sind, Menschen ohne Behinderung nicht im Vorteil sind.

In dieser inneren Revolution, in die uns die Stille führt, entsteht Vergebung. Das Wort mag als störend empfunden werden, weil es für manche den Beigeschmack von Buße und Selbstkasteiung hat.

Dabei ist Vergebung unverzichtbar in einer Gesellschaft, die verletzliche Menschen allzu gern abschiebt.

Manche träumen von einem Kind, einer Zukunft, einem idealisierten Körper und bekommen stattdessen einen geistig behinderten Sohn, lassen sich dreimal scheiden und reihen in ihrem Gefühlsleben eine Niederlage an die nächste. Andere setzen sich todmüde hinters Steuer, obwohl sie sich lieber ausruhen sollten, und wachen im Rollstuhl auf. Wieder andere erleben es als Katastrophe, bei einer Aufnahmeprüfung durchgefallen zu sein.

In einer Gesellschaft, in der Perfektion an erster Stelle steht, sind wir so unzufrieden mit uns, hadern so mit unseren Niederlagen und Schwächen, dass wir uns und den anderen die Schuld daran geben wollen. Wir müssen wieder mit uns ins Reine kommen, genauso wie mit unseren Mitmenschen.

Lassen wir die gegenseitige Vergebung zu, durch die wir das Ideal der Perfektion überwinden können. Vergebung befreit uns, so dass wir auf das *Andere* zugehen und auf diese Weise entdecken können, dass das einzig Wertvolle, für das es sich zu kämpfen lohnt, der Zusammenhalt ist.

In Frankreich sind die Kritiker nicht gerade zimperlich mit *Ziemlich beste Freunde* umgesprungen. In einer Tageszeitung[24] wurde der Film völlig verrissen; da hieß es, er propagiere eine »Diktatur der Gefühle, um den totalen Mangel an Reflexion zu kaschieren«.

Als ein Journalist den Philosophen Alexandre Jollien zu diesem Vorwurf befragte, vertrat der die gegenteilige Ansicht: »Ein Thesenfilm wäre meiner Meinung nach völlig deplatziert gewesen. Die Einfachheit des Films appelliert an die eigene Erfahrung und nicht an die Theorie … Mir persönlich hat die Aufforderung, die gesellschaftlich vorgeschriebenen Rollen abzulegen, am besten gefallen.«[25]

Jollien weiß, wovon er spricht; seine Erfahrung beruht auf seinem Philosophiestudium, aber auch auf seiner Lebensgeschichte. Da er an einer zerebralen Bewegungsstörung leidet, kam er bereits mit drei Jahren in eine Spezialklinik, wo er bis zu seinem zwanzigsten Lebensjahr blieb. In seinen Essays beschäftigt er sich mit der Einzigartigkeit des Einzelnen und der Solidarität des Kollektivs. Jollien sagt, er habe viel von den behinderten Menschen gelernt, mit denen er siebzehn Jahre seines Lebens verbrachte – lange bevor Sokrates zu seinem Lehrmeister wurde.[26] Sie hätten ihm Einfachheit, bedingungslose Liebe und Lebensfreude beigebracht.

Wie als Antwort auf die Kritiken am Film schrieb die Psychoanalytikerin Julia Kristeva kürzlich in einem Brief an Jean Vanier: »Man muss aufhören, *über* die Behinderung zu sprechen, und stattdessen *mit* den behinderten Menschen sprechen und *mit* ihnen zusammenleben.«

Dieses Zusammenleben von Menschen mit und ohne Behinderung, das unseren Alltag prägt, ist gleichzeitig ein Appell, eine Entwicklung herbeizuführen – hin zu einer Gesellschaft, in der Zuversicht und Glück wieder eine Rolle spielen. »Die Menschheitsfamilie kann nur Frieden und Erfüllung finden, wenn wir uns den Schwächsten unter uns zuwenden, sie anerkennen und aufrichten« – so drückt es Marie-Hélène Mathieu, die Begründerin des christlichen Behindertenwerks *Office Chrétien des personnes handicappées,* in einem zusammen mit Jean Vanier verfassten Werk aus.[27] Sie fügt hinzu:

> Sie sind nicht nur wichtig und wahrhaft menschlich, sondern haben auch die Gabe, bei den anderen eine innere Wandlung herbeizuführen, wenn diese sich auf eine Beziehung mit ihnen einlassen und in einer Gemeinschaft mit ihnen leben … Die große Gefahr in unserer Gesellschaft besteht in der seelischen Abhärtung aufgrund der Angst, unter der viele Menschen leiden: Angst vor Misserfolg, vor Statusverlust oder vor finanziellen Einbußen, Angst vor Unfällen oder schweren Unglücken. Und dann können eben diejenigen am besten neue Zuversicht vermitteln, die Ängste ausgestanden und Kränkungen erfahren haben.

Die behinderten Menschen, die außerhalb der gesellschaftlichen Normen stehen, könnten die Vorboten einer neuen Welt sein – einer Welt, die nicht mehr von Gewalt, Aggressivität und Ungerechtigkeit geprägt ist, sondern stattdessen von Solidarität, und in der jeder von uns einen Platz findet.

Die berufliche Integration von Menschen mit Behinderung ist gesetzlich vorgeschrieben, doch meistens werden diese Bestimmungen als schwierig und unproduktiv empfunden. Der barrierefreie Zugang zum Arbeitsplatz und die Anpassung der Arbeitszeiten an die Bedürfnisse behinderter Menschen werden häufig als eine kostspielige Form von Wohltätigkeit empfunden. Ihre berufliche Kompetenz wird hingegen im Allgemeinen geringgeschätzt.

In Deutschland dürfen laut Grundgesetz Menschen mit Behinderung nicht benachteiligt werden. Seit 1974 gibt es eine Beschäftigungspflicht für Unternehmen. Firmen mit mehr als 20 Mitarbeitern sind verpflichtet, mindestens 5 Prozent der Arbeitsplätze an Menschen mit Behinderung zu vergeben. Erfüllen die Unternehmen die Quote nicht, müssen sie eine Ausgleichsabgabe zahlen. Betriebe, die schwerbehinderte Menschen beschäftigen, erhalten aus den Mitteln der Ausgleichsabgaben Hilfen in Form von Beratung, begleitenden Diensten oder Zuschüssen, etwa beim Lohn oder für die Einrichtung eines weiteren Arbeitsplatzes. Nur 3,9 Prozent der privaten Arbeitgeber erfüllen die Quote.

Die Behindertenrechtskonvention verlangt in Artikel 27 einen »offenen, inklusiven und für Menschen mit Behinderungen zugänglichen Arbeitsmarkt«. Dem jedoch stehen die Vorschriften des Arbeitsförderungsrechts und des Sozialgesetzbuches IX gegenüber, die Menschen mit Behinderung, welche einen besonderen Unterstützungsbedarf haben, auf das Eingangsverfahren und den Berufsbildungsbereich von Werkstätten für Menschen mit Behinderung verweisen. Die Arbeit in den Werkstätten bildet jedoch keine Alternative zum ersten Arbeitsmarkt, da unter anderem der Lebensunterhalt damit nicht verdient werden kann.

Philippe Pozzo di Borgo, früher Führungskraft in einem großen Unternehmen, ist ganz im Gegenteil überzeugt, dass
man Menschen mit Behinderung unbedingt einstellen sollte:

Ich kenne beides, das Leben als Unternehmer und das als
Behinderter, und bin der festen Überzeugung, dass Menschen mit Behinderung – die laut geltenden Normen als
unproduktiv und nicht sehr gewinnbringend angesehen
werden – sich in Wirklichkeit in einem Team als ungeheuer wertvoll erweisen können, weil sie für Zusammenhalt sorgen. Unternehmen brauchen Teamgeist, um die
gesetzten Ziele zu erreichen. Die meiste Zeit jedoch werden Kämpfe auf individueller Ebene ausgetragen, weil
jeder versucht, die eigene Position auf Kosten der seines
Nebenmanns zu stärken. Aus der Behinderung lernt man,
oft auf brutale Weise, die Kunst des *Anderen*, die Notwendigkeit, in der Gruppe zu leben. Wenn man also einem
Menschen mit Behinderung die Chance gibt, sich in einem Team einzubringen und die soziale Funktion zu-
rückzugewinnen, die ihm aufgrund seiner Verletzlichkeit
genommen wurde, wird er sich auf völlig selbstverständ-
liche Weise für den Zusammenhalt der Gruppe einsetzen.
Davon profitieren alle.

Nach vierzig Jahren Erfahrung ist Jean Vanier der Meinung,
dass Menschen mit geistiger Behinderung über weniger
komplexe, weniger subtile Abwehrmechanismen verfügen.
Ihr Schutzwall hat mehr mit ihrem seelischen Leid als mit
Ehrgeiz oder Machtgier zu tun. Die Besonderheit verletzlicher Menschen wurde sogar in der Charta der Arche fest-
gehalten:

Menschen mit einer geistigen Behinderung haben oft eine besondere Gabe, andere herzlich aufzunehmen, über Dinge zu staunen, spontan und direkt zu sein. Durch ihre Einfachheit und ihr Angewiesensein auf andere können sie die Herzen anderer anrühren und Menschen zusammenbringen. So erinnern sie die Gesellschaft immer wieder an die wesentlichen Werte des Herzens, ohne die Wissen, Können und Macht letztlich keinen Sinn haben. (2, 3)

Wir möchten – über die gesetzlich verankerten Rechte der Menschen mit Behinderung hinaus – von unserer menschlichen Verantwortung sprechen.

Stützen wir uns dabei nicht auf Theorien, sondern auf die Realität der Behinderung und auf Erfahrungen. Die 24-jährige Axelle wollte neben ihrem Psychologiestudium Erfahrungen in der Praxis sammeln. Sie trat eine Stelle als Helferin beim Verein Simon de Cyrène an, um eine Tätigkeit, die mit ihrem Studium zusammenhängt, mit ihrer Wahrheitssuche zu verbinden.

Ich wollte ins echte Leben eintauchen und von Leuten umgeben sein, die ehrlich sagen, was sie denken. Ich brauchte diese Einfachheit. Zusammen mit Menschen, die nach einem Schlaganfall oder einem Schädel-Hirn-Trauma in Lebensgemeinschaften mit Nichtbehinderten einen Neuanfang machen, nehme ich mir die Zeit, das Leben und meine Mitmenschen auf eine andere Weise wahrzunehmen. Diese Menschen holen uns ins echte Leben zurück.

Wir alle sind in der Lage, uns auf eine Beziehung zum *Anderen* einzulassen, wenn wir unsere Ängste überwinden, und so eine Gesellschaft der Zuversicht aufzubauen.

Wir müssen uns dringend wieder engagieren, zum Beispiel, indem wir auf lokaler Ebene aktiv werden. Wenn jemand unsere Unterstützung braucht, dürfen wir ihn nicht einfach seinem Schicksal überlassen. Bei unserem Engagement kann es sich um eine finanzielle Zuwendung in Form von Spenden handeln, es kann sich aber auch ganz einfach darin äußern, dass wir einem Nachbarn aus dem Haus oder aus unserem Viertel eine helfende Hand reichen. Überlassen wir es nicht dem Staat, zu entscheiden, wie mit der Behinderung umgegangen wird, als würde es uns nicht betreffen. Bleiben wir am Boden: Treten wir Vereinen bei oder gründen diese – freundschaftliche, durch gemeinsame Ziele verbundene Gruppen. Mit unserem Beitrag sollten wir jedoch weder auf Profit aus sein noch darauf, Aufsehen zu erregen.

Es geht darum, zusammenzuleben.

Mutter Teresa verwendete das schöne Bild des unendlich großen Ozeans, der aus unzähligen Wassertropfen besteht, um daran zu erinnern, dass auch die kleinste Tat zu einer Gesellschaft beiträgt, in der wir wieder Erfüllung finden.[28] Im tiefsten Herzen wissen wir, dass wir unsere Gesellschaft dringend aus ihrer verfahrenen Lage retten müssen, damit wir wieder Hoffnung schöpfen können und unsere Verschiedenheit akzeptieren lernen. Haben sich nicht genau deswegen so viele von uns einen Film angesehen, in dem aus dem Leid zweier Menschen, die sich zusammentun, neue Lebensfreude entsteht?

Dieses Gespann, das sich auf eine innige, komische und

warmherzige Beziehung einlässt, illustriert die laut dem Dichter und Philosophen Rabindranath Tagore »wichtigste Lehre, die der Mensch aus seinem Leben lernen kann … nicht die, daß es überhaupt Schmerz in dieser Welt gibt, sondern daß es in seiner Hand liegt, ihn zum Guten zu wenden, daß es für ihn möglich ist, ihn in Freude zu verwandeln«.[29]

Diese Lehre ist universell, wie der Erfolg von *Ziemlich beste Freunde* beweist. Nicht nur in Frankreich hat der Film mit über 19 Millionen Zuschauern alle Besucherrekorde gebrochen, auch im übrigen Europa führte die Sozialkomödie die Rangliste nichtenglischsprachiger Filme lange an.

Falls Sie Angst haben, zu unbedeutend, zu allein, zu schwach, zu inkompetent, zu mutlos, kurz, zu »behindert« zu sein, um etwas zu unternehmen, könnten die Worte aus einem der Werke der amerikanischen Autorin Marianne Williamson eine wunderbare Antwort auf Ihre Befürchtungen geben.

Unsere tiefste Angst ist nicht die, dass wir unzulänglich sind. Unsere tiefste Angst ist die, dass wir über die Maßen machtvoll sind. Es ist unser Licht, nicht unsere Dunkelheit, das uns am meisten erschreckt. Wir fragen uns: Wer bin ich denn, dass ich so brillant, großartig, talentiert, fabelhaft sein sollte? Aber wer sind Sie denn, dass Sie es *nicht* sein sollten? Sie sind ein Kind Gottes. Wenn Sie sich klein machen, dient das der Welt nicht. Es hat nichts von Erleuchtung an sich, wenn Sie sich so schrumpfen lassen, dass andere Leute sich nicht mehr durch Sie verunsichert fühlen. Wir sollen alle so leuchten wie die Kinder. Wir sind dazu geboren, die Herrlichkeit Gottes in uns zu manifestieren. Sie existiert in allen von uns, nicht nur in ein paar Menschen. Und wenn wir unser eigenes Licht leuchten lassen, erlauben wir auch unbewusst anderen Menschen, das Gleiche zu tun. Und wenn wir von unserer eigenen Furcht befreit sind, befreit unsere Gegenwart automatisch auch die anderen.[30]

In der Welt der Behinderung kann man sich nicht nur beruflich oder ehrenamtlich engagieren, sondern auch im Rahmen des freiwilligen sozialen Jahrs (FSJ). In Deutschland und Österreich etwa können Jugendliche und junge Erwachsene, die die Schulpflicht erfüllt und das 27. Lebensjahr noch nicht vollendet haben, während des FSJ soziale Aufgaben übernehmen.[31]

Die Arche und Simon de Cyrène nehmen regelmäßig Freiwillige auf. Sie spielen eine wichtige Rolle in den Hausgemeinschaften und nehmen an allen individuellen und kollektiven Aktivitäten teil, die den Tagesablauf der Bewohner bestimmen (Mahlzeiten, Freizeitaktivitäten, Fahrten etc.).

Zum Leben eines Freiwilligen bei der Arche und bei Simon de Cyrène gehört die Akzeptanz der Verschiedenheit. Es ist geprägt von unerwarteten Begegnungen, die uns aufwühlen und verwandeln.

Manchmal wird man sich während des freiwilligen sozialen Jahrs klarer über die Erwartungen, die man an sein Leben stellt, und orientiert sich eventuell neu. Clarisse zum Beispiel hatte vor, Design zu studieren, wollte sich zuvor jedoch ein Jahr lang sozial engagieren. Sie verbrachte probehalber eine Woche in einer Arche-Gemeinschaft, ehe sie sich entschied, das FSJ bei geistig behinderten Menschen zu absolvieren. Anschließend überdachte sie ihren Berufswunsch.

Ich habe diese Erfahrung mit behinderten Menschen bei Simon de Cyrène fortgesetzt. In unserer heutigen Zeit, in der jeder nur an sich denkt, habe ich eine Wahl getroffen, die hohe Anforderungen stellt. Bei dieser Arbeit wird man gezwungen, das Wertvollste zu geben, was man hat: Zeit und Freundlichkeit.

Für Clarisse stehen die Neuorientierung und die Entscheidung für einen sozialen Beruf zur Debatte, doch die meisten Helferinnen und Helfer wenden sich nach dem freiwilligen sozialen Jahr wieder ihrem ursprünglichen Berufswunsch zu. Dennoch ist es keine verlorene Zeit. Laurent de Cherisey ist fest davon überzeugt, dass eine solche Erfahrung ganz allgemein eine enorme Bereicherung für ihr weiteres Leben darstellt.

Den jungen Menschen, mit denen ich über das freiwillige soziale Jahr spreche, schlage ich vor, hier ihr »Diplom des Herzens« abzulegen. Zu geben, aber auch zu nehmen. Zu entdecken, dass das Leben nicht mit Effizienz oder Leistung gleichzusetzen ist, sondern dass es erst in einfachen und wahren Beziehungen seinen Sinn bekommt.
Am Ende bekommt man zwar keine schöne Urkunde, die man sich einrahmen und an die Wand hängen kann, aber dafür viel mehr als das. Die Fähigkeiten, die man im Umgang mit den Schwächsten erworben hat, sind auf vielerlei Ebenen in Beruf und Privatleben von großem Nutzen.

Das Hauptanliegen der Arche und des Vereins Simon de Cyrène ist es, sich um Menschen mit Behinderung zu kümmern und eine echte Beziehung zu ihnen aufzubauen. Dennoch werden auch die Helfer nicht vernachlässigt. Nach den ersten paar Tagen werden sie immer gefragt, ob sie glücklich sind. Wenn sie mit Ja antworten, bietet man ihnen an, länger zu bleiben – eine Woche, einen Monat, ein Jahr. Manche, die nur für zwei Wochen gekommen waren, sind zwei Jahre geblieben. Bei anderen war es genau umgekehrt. Doch jedes Mal wurde ihnen diese Frage gestellt: »Sind Sie glücklich?«

Wer sich für andere engagiert, schränkt sich deswegen nicht ein, im Gegenteil! Engagement eröffnet neue Horizonte, es bietet Raum für eine tiefe Wandlung.

Wir laden Sie ein, diese Wandlung gemeinsam zu erleben, und überlassen Philippe Pozzo di Borgo das Schlusswort:

Ich möchte gern wieder unversehrt sein, wieder gehen können, mich wieder bewegen, meine Kinder in den Arm nehmen können, aufhören zu leiden. Doch obwohl ich mir das von Herzen wünsche, sehe ich keinen Nutzen darin, wieder die Kontrolle über meinen Körper zu erlangen, wenn ich nicht gleichzeitig von allem profitiere, was ich durch die Behinderung gelernt habe. Es hat keinen Zweck, sich wieder in den wahnsinnigen Wettlauf zu stürzen, um den gesellschaftlichen Normen zu entsprechen, das ist ein von vornherein verlorener Kampf. Am Ende holt die Verletzlichkeit einen doch immer irgendwie ein. Das schließe ich aus all den Briefen, die ich seit der Veröffentlichung meiner Autobiographie bekomme. Beinahe die Hälfte von ihnen stammt von Menschen, die gesund sind, sich aber dennoch furchtbar unwohl fühlen und die Welt nicht verstehen. Heute lebe ich intensiver und sehe klarer als früher. Damit ich den Sinn des Lebens ganz verstehe, musste ich im Rollstuhl landen und die Welt aus der Perspektive eines Behinderten sehen.

Ich würde mir tatsächlich wünschen, wieder unversehrt zu sein, aber nur unter der Bedingung, den neuen Blick auf das Leben zu behalten.

Warten Sie nicht, bis Sie *unberührbar* geworden sind, um das Glück wieder in Ihrem Leben zuzulassen.

»AUF DASS ES WEITERGEHE«

Philippe Pozzo di Borgo war ein erfolgreicher Champagnerunternehmer, bis er durch einen Unfall querschnittsgelähmt wurde. In diesem Beitrag erinnert er sich an die mittelständische Philosophie seines Großvaters, der ihn sehr geprägt hat.

Als ich nach drei Monaten Koma das Bewusstsein wiedererlangte, sah ich über mir das Foto meines Großvaters, Robert-Jean de Vogüé, das meine Frau Béatrice über das Glasbett im Krankenhaus gehängt hatte. Sie wusste, wie sehr ich meinen zwanzig Jahre zuvor gestorbenen Großvater, der mich mehr als jeder andere geprägt hat, liebte und bewunderte. Unser Sohn heißt Robert-Jean. Mit seinem Bild gab Béatrice mir zu verstehen, dass ich mir ein Beispiel an ihm nehmen sollte, um in meinem Zustand, der nach dem Gleitschirmunfall im Jahr 1993 als hoffnungslos eingeschätzt wurde, die Kraft zu finden, mich nicht aufzugeben, sondern nach vorne zu blicken.

Mein Großvater wurde als Widerstandskämpfer von den Nazis verhaftet und zusammen mit dem Vertreter der kommunistischen Gewerkschaft seiner Firma, Moët & Chandon (er war mit einer der Erbinnen dieses 1743 gegründeten Betriebs verheiratet), zum Tode verurteilt. Als NN-Gefangener (Nacht und Nebel) wurden sie zum Stammlager Ziegenhain auf heute hessischem Gebiet überführt, wo er auf seine Hinrichtung wartete – sie kamen beide zurück. Sein Überleben verdankte mein Großvater auch seinem christlichen Glauben; im Lager, wo er das größte menschliche Elend erlebte, vertiefte dieser Glaube sich noch. Er bestimmte ihn und sein soziales Engagement für den Rest seines Lebens. Nach seiner Rückkehr Mitte des Jahres 1945 erwähnte er die Gefangenschaft nie wieder und kehrte bald nach Deutschland zurück. Im Prozess gegen Otto Kläbisch, den Generalbeauftragten für Weine, den sogenannten Champagnerführer, sagte er zu dessen Gunsten aus und rettete ihm damit das Leben. Bald nahm er die kommerziellen Aktivitäten von Moët & Chandon wieder auf. Das Einzige, was an die Zeit im Lager noch erinnerte, war seine schlanke rechte Hand, der der Zeigefinger fehlte. Er hatte ihn sich selbst abgetrennt, um keinen Wundbrand zu bekommen.

Nachdem er sich von der Gefangenschaft erholt hatte, lenkte er das Unternehmen entschlossen in neue Bahnen und organisierte die Region der Champagne nach einem weltweit einzigartiger Modell. Er setzte die Beschlüsse des *Conseil National de la Resistance* (Nationaler Widerstandsrat) um, der bestimmt hatte, dass Arbeiter und Angestellte an den Entscheidungen und am Gewinn der Unternehmen teilhaben sollten. Die jeweilige Leistung der Führungskräfte, der Dienststellen, der Arbeiter und Angestellten wurden in Zusammenarbeit mit einem Beratungsbüro ausgewertet. Bald bezahlte Moët & Chandon im Schnitt doppelt so viel wie andere Unternehmer in der Champagne. Von seinen Unternehmerkollegen wurde mein Großvater als »roter Marquis« bezeichnet, worauf er freundlich erwiderte, sein älterer Bruder sei Marquis, nicht er. Die politische Couleur leugnete er nicht. Für ihn gehörte es ganz selbstverständlich zu den Privilegien seiner Familie, deren Ursprung sich bis ins 11. Jahrhundert zurückverfolgen lässt, dass er die Interessen derer verteidigte, für die er verantwortlich war.

Moët & Chandon, früher ein mittleres Unternehmen, wurde bald zum größten Champagnerhersteller. Durch die hohe Qualität des Champagners und die »Cuvées spéciales« (Dom Pérignon, Jahrgangschampagner) stieg der durchschnittliche Verkaufspreis beträchtlich, und man konnte eine konsequente Expansionspolitik verfolgen. So entstand der erste Luxuskonzern der Welt, LVMH (Moët Hennessy-Louis Vuitton). Anfangs wurden andere Champagnerhäuser eingekauft (Mercier, Ruinart), dann der Parfümhersteller Christian Dior, später folgte die Fusion mit der Gruppe Cognac Hennessy. Als mein Großvater 1973 die Firma verließ, entschieden sich die Familien Chandon und Hennessy, eine Verbindung mit dem Finanzier Bernard Arnault einzugehen und sich mit der Gruppe Louis Vuitton und ihren vielen hoch angesehenen Tochtergesellschaften zu LVMH zusammenzuschließen.

In den Augen meines Großvaters bedurfte es eines möglichst hochwertigen Produkts mit einem möglichst prestigeträchtigen Namen. Mit großer Entschlossenheit setzte er durch, dass in seinem Unternehmen jeder besonders entlohnt wurde, der durch sein Engagement dazu beitrug, Qualität und Image des Produkts zu steigern. Das kam den Weinbauern sehr zugute: Durch die ausgezeichnete Pflege, die die Winzer ihren Weinstöcken angedeihen ließen, gewann die Ursprungsbezeichnung Champagne enormes Ansehen. Mein Großvater kam zu dem Schluss, dass man durch respektvoll geführte Verhandlungen stets zu einer Übereinkunft im Interesse aller Beteiligten gelangt.

Nach dem Abitur zog ich für mein Studium in die Champagne und ließ keine Gelegenheit aus, meinen Großvater zu besuchen, der mich gern mit meinen vom Mai 68 geprägten

Ansichten aufzog. Kurz nachdem er aus der Konzernleitung ausgeschieden war, schrieb er ein mittlerweile vergriffenes Büchlein, *Alerte aux patrons, il faut changer l'entreprise (Achtung, Chefs, ihr müsst eure Unternehmen ändern)*, immer noch mein Lieblingsbuch. Er machte sich Sorgen wegen der Gier der Aktionäre und der Unternehmensleitung und bemängelte ihre Unfähigkeit, die Arbeiter und Angestellten an den Entscheidungen und Ergebnissen teilhaben zu lassen und so langfristig den Fortbestand des Unternehmens zu sichern. Die Widmung seines Buches lautete; »Meinen Enkeln, auf dass es weitergehe« Ich habe sie in meinem Buch *Ziemlich beste Freunde* für meine Kinder übernommen, es erschien zeitgleich mit dem Film, der auf meiner Geschichte basiert und zu einem Welterfolg wurde.

Sowohl in den USA, wo ich viele Jahre lebte, als auch später, nachdem ich 1984 in den inzwischen börsennotierten Konzern LVMH eingetreten war, befolgte ich seine Managementprinzipien so genau wie möglich. 1992 sah sich die Gruppe LVMH mit einer Konjunkturabschwächung konfrontiert und entschloss sich, die neu erworbenen Gesellschaften in der Champagne zu restrukturieren, darunter die Firma Pommery, deren Leitung ich gerade übernommen hatte. Die Brutalität, mit der man die finanzielle Rentabilität zu sichern versuchte, und die Not, die das hervorrief, waren mir zuwider. Ich stellte die Ideologie eines Wirtschaftswachstums um jeden Preis infrage.

Am 23. Juni 1993 flog ich gegen einen Berg. Seither bin ich von den Schultern bis zu den Zehenspitzen gelähmt. Meine Frau Béatrice, die damals bereits seit zehn Jahren Krebs hatte, war in den zwei Jahren Intensivstation, Krankenhaus und Reha an meiner Seite. Mit unbegreiflicher Stärke half sie mir wieder auf und richtete uns und unseren beiden Kindern ein Zuhause in Paris ein. Abdel, ein straffällig gewordener junger Einwanderer, sollte mich im Alltag unterstützen. Wenige Monate später starb Béatrice.

Erst in diesem Augenblick drang die Behinderung zu mir durch: Die Behinderung ist nicht die Abwesenheit des Körpers, sondern die des geliebten Menschen. Die Einsamkeit. Man verfällt in eine Depression, diese symptomatische Krankheit unserer Zeit. Der Widerwille oder vielmehr das Fehlen des Willens nach jahrelanger Befriedigung aller Sinne; die Stille, bestehend aus lauter Kleinigkeiten, die einem bisher entgangen sind, die sich nach und nach verdichtet, die Entdeckung des unendlich Kleinen und des Augenblicks. Eine anfangs zögerliche innere Stimme, beinahe fremd, die Stimme des Kindes, das ich einst war, ist wieder zu hören, als ich den Blick des anderen entdecke, die wahre Beziehung. Der zweite Atem stellt sich ein, bringt mich wieder mit mir selbst in Einklang. Zehn Jahre lang bin ich Witwer, dann heirate ich Khadija, und wir lassen uns zusammen mit unseren beiden Töchtern Sabah und Wijdane in der Nähe von Essaouira nieder, an der Atlantikküste Marokkos.

Ich habe entdeckt, wie unendlich verzweifelt die Menschen sind, wie allgegenwärtig die Behinderung ist und dass sie trotzdem versteckt wird. Ob es nun eine körperliche, sensorische, geistige, emotionale, psychische oder soziale Behinderung betrifft oder einfach nur eine Krankheit, Stress, das Alter – verletzlich sind wir alle. Der weltweite Erfolg des Films und des Buches *Ziemlich beste Freunde* und die Tausende von E-Mails, die ich erhalten habe, bringen alle das gleiche Gefühl und das gleiche Verlangen zum Ausdruck, dem Leben einen Sinn zu geben, einen Ausweg zu finden.

Was macht den Erfolg dieses Filmes aus? Jedes Mal, wenn ich bei einer Vorführung dabei bin, stehen die Leute im Dunkeln nach dem Abspann am Ende des Films auf (außer mir natürlich!) und applaudieren. Warum? Sie applaudieren wie Kinder, die endlich etwas begriffen haben: Die Zuschauer haben das Kino gestresst betreten, unter dem Druck unserer Gesellschaft, die ihnen immer mehr abverlangt, sie fürchten sich vor der Krise, machen sich Sorgen um ihre eigene Zukunft und die ihrer Familie.

Dann erleben sie die Geschichte von zwei Ausgeschlossenen, der eine aus körperlichen Gründen, der andere aus sozialen, die sich zehn Jahre lang gegenseitig unterstützen und einander wieder aufrichten, mit Respekt vor den Eigenheiten des anderen. Die Zuschauer kommen mit sich und der Gesellschaft ins Reine, denn sie begreifen, dass Linderung und Lösung nur vom anderen kommen kann. Endlich können die Zuschauer die eigene Verletzlichkeit annehmen und empfinden Solidarität mit allen anderen, die sich von ihnen unterscheiden und genauso verletzlich sind wie sie.

Stehen wir nicht – wie Thomas Mann, als er seinen *Zauberberg* schrieb, der im Jahr 1913, unmittelbar vor dem Zusammenbruch eines Systems spielt, und wie mein Großvater nach dem Zweiten Weltkrieg, als er die Notwendigkeit erkannte, die sozialen Verhältnisse im Unternehmen zu überdenken – an einem Wendepunkt? Man hält den zunehmenden Egoismus für Individualisierung und die virtuelle Vernetzung für die Zunahme von zwischenmenschlichen Beziehungen. Sollten wir nicht unser Miteinander überdenken?

Deutschland ist eines der Länder, in denen der Film *Ziemlich beste Freunde,* und vor allem das Buch besonders erfolgreich waren. Obwohl die Krise in Deutschland weniger spürbar ist, die Angestellten haben schon seit langer Zeit ein Mitspracherecht in den Unternehmen, und Koalitionsregierungen mit mehreren großen Parteien haben Tradition. Ist die Verunsicherung also grundlegender? Der einzelne Mensch mit seiner Verletzlichkeit, seiner persönlichen Verschiedenheit und der Stärke, die sich dann entfalten kann, wenn diese respektiert werden, muss ins Zentrum eines neuen Zusammenlebens rücken. Für ein Miteinander, in dem die Beziehungen und die Gemeinschaft von den anderen, Menschen, die von der Norm abweichen, profitieren. Menschen mit Behinderung, in ihrer Angewiesenheit auf andere, sind in gewisser Hinsicht Korrektiv oder Wächter einer solidarischen Gesellschaft. In der extremen Verletzlichkeit und den Beschwerden, mit denen ich seit fast zwanzig Jahren lebe, habe ich eine Stärke entdeckt, von der ich noch im vollen Besitz meiner Kräfte nichts geahnt habe. Wie gern würde ich in die Welt der »Unversehrten« zurückkehren und die Energie und den gesunden Menschenverstand, die ich mir mit meinem zweiten Atem erarbeitet habe und die mein Leben als behinderter Mensch leiten, ungehindert einsetzen!

Wir sollten unsere Verletzlichkeit annehmen und respektieren. Wir müssen lernen, rücksichtsvoll mit uns selbst umzugehen. Leid ist universell, wir sollten es nicht verstecken, sondern versuchen, es als Teil von uns zu verstehen, und uns bei der geringsten Besserung umso entschlossener auf das Wesentliche konzentrieren, Anerkennung bedeutet Geduld, das Recht auf Fehler, das Akzeptieren von Unterschieden – und nicht zuletzt ist sie eine Quelle des Reichtums für die Unternehmen und die Gemeinschaft.

Menschen mit Behinderung berühren diesen wunden

Punkt und weisen uns darauf hin, dass wir wieder von der Wirklichkeit des Einzelnen ausgehen müssen, um ein System, das in einer tiefen Krise steckt, neu auszurichten. Mein Großvater wäre zu gern dabei gewesen!

ANMERKUNGEN

1 Erhebung mit dem Titel »Behinderungen – Beeinträchtigungen – Abhängigkeit« des INSEE, des französischen Amtes für Statistik, durchgeführt zwischen 1998 und 2001.

2 Unapei 2007 (Unapei ist der französische Interessenverband für Menschen mit geistiger Behinderung und ihre Angehörigen).

3 Laut der jährlichen Statistik der Fondation Abbé Pierre kommen zu den 3,5 Millionen Menschen in schlechten Wohnverhältnissen weitere 6,5 Millionen hinzu, die in diese Kategorie abzurutschen drohen, falls ihre Familie zerbricht oder sie arbeitslos werden.

4 Trennungen kommen immer häufiger vor, und die Anzahl der Singles hat sich in Frankreich in den letzten dreißig Jahren verdoppelt. Bei der Volkszählung von 2007 lebten knapp 15 Prozent der Franzosen allein. Siehe *Population & Sociétés* (Bevölkerung und Gesellschaft) Nr. 484, Dezember 2011. Im Jahr 2011 gab es in Deutschland laut Statistischem Bundesamt rund 15,9 Millionen Alleinlebende. Bezogen auf alle Personen in Privathaushalten (am Hauptwohnsitz) waren das 20 Prozent der Bevölkerung – jede fünfte Person.

5 *L'Express*, 2. Februar 2012.

6 Ich habe sie in dem gleichnamigen Buch geschildert: *Ziemlich beste Freunde*, Berlin 2012.

7 Diese Erfahrung schilderten wir in dem Buch *Passeurs d'espoir* (sinngemäß: Fährmänner der Hoffnung), 2 Bde., Paris 2006.

8 In Deutschland erleiden pro Jahr mehr als eine halbe Million Menschen eine Hirnschädigung. Häufigste Ursachen sind Schädel-Hirn-Verletzungen und Schlaganfälle (Stiftung Neuronales Netzwerk, Deutsche Stiftung für Menschen mit erworbenen Hirnschäden, http://neuronales-netzwerk.org/).

9 *Les Échos Entrepreneur*, Juni 2011.

10 Bertrand Collomb und Samuel Rouvillois, *L'entreprise humainement responsable* (Das aus menschlicher Sicht verantwortliche Unternehmen), Paris 2011.

11 *Die Unsterblichkeit*, Frankfurt am Main 1992, S. 265.

12 *Das denkende Herz*, Reinbek 1985, S. 125 f.

13 *Passeur d'espoir* und *Le grain de sable et la perle*, Paris 2006 und 2011.

14 Aus dem Essay »Für eine Moral der Doppelsinnigkeit«, in: *Soll man de Sade verbrennen?*, Reinbek 1964, S. 129.

15 *Folles humanités* von Mathieu Vadepied, Les Films sauvages 2011.

16 Umfrage von Ipsos für Unapei, 2010.

17 Mitteilungsblatt der MiRe, *Mission Recherche*, des französischen Ministeriums für Soziales, Nr. 13, 2007.

18 Abdel Sellou, *Einfach Freunde*, Berlin 2012, S. 217.

19 Abdel Sellou, *Einfach Freunde*, Berlin 2012, S. 217.

20 BBC News Magazine, 24. Februar 2009.

21 *Portraits d'Intouchables* von Mathieu Vadepied, Bonusmaterial zur französischen Ausgabe der DVD von *Ziemlich beste Freunde*, 2011.

22 *Observatoire français des drogues et des toxicomanies* (Drogen- und Suchtbericht des französischen Wirtschaftsforschungsinstituts), aktualisiert im Dezember 2009. Fünf Prozent der Deutschen nehmen Antidepressiva. Deutschland liegt damit unter dem EU-Durchschnitt. Rund acht Prozent der Europäer nehmen Psychopharmaka (Studie des Instituts zur Zukunft der Arbeit, IZA).

23 Georges Bernanos, *Wider die Roboter*, Köln 1949, S. 131.

24 *Libération*, 14. November 2011.

25 *Nouvel Observateur*, 24. November 2011.

26 *Lob der Schwachheit*, Zürich und München 2001.

27 *Plus jamais seuls!* (Nie mehr allein!), Paris 2011.

28 »Wir wissen, dass das, was wir tun, nur ein Tropfen im Ozean ist. Aber gäbe es diesen Tropfen nicht, würde er im Ozean fehlen.«

29 Aus *Sadhana: Der Weg der Vollendung*, München 1921.

30 *Rückkehr zur Liebe. Harmonie, Lebenssinn und Glück durch »Ein Kurs in Wundern«*, München 1993, S. 180 f. Das Zitat wird oft irrtümlich Nelson Mandela zugeschrieben.

31 Gesetzlich geregelt sind die Rahmenbedingungen für das FSJ im *Gesetz zur Förderung eines Freiwilligen Sozialen Jahres*. Siehe auch: http://www.pro-fsj.de.

ANHANG

Wenn Sie weiter gehen möchten

WEITERFÜHRENDE LITERATUR

Philippe Pozzo di Borgo
Ziemlich beste Freunde, Berlin 2012.

Jean Vanier
In Gemeinschaft leben. Meine Erfahrungen, Freiburg u.a. 1993.
Toute personne est une histoire sacrée, Paris 1994.
Einfach Mensch sein. Wege zu erfülltem Leben, Freiburg u.a. 2001.
Recherche la paix, Paris 2003.
Weites Herz. Dem Geheimnis der Liebe auf der Spur, Schwarzenfeld 2011.
Von den Wunden des Herzens. Wegbegleiter durch Zeiten der Depression, Schwarzenfeld 2011.
Mit Marie-Hélène Mathieu, *Plus jamais seuls!,* Paris 2011.
Kathryn Spink: *Jean Vanier und die Arche. Die Geschichte einer außergewöhnlichen Berufung,* Schwarzenfeld 2008.

Wenn Sie mehr über den von Jean Vanier und Marie-Hélène Mathieu gegründeten Verein »Foi et Lumière« erfahren möchten:
www.foietlumiere.org bzw. **www.glaube-und-licht.de.**

Laurent de Cherisey
Mit Marie-Hélène de Cherisey, *Passeurs d'espoir,* 2 Bde., Paris 2006.
Recherche volontaire pour changer le monde. Les clés du succès de ceux qui l'ont fait, Paris 2008.

Mit Vivianne Perret, *Le grain de sable et la perle. Quand les personnes handicapées nous redonnent le goût du bonheur*, Paris 2011.

Die Arche: die Geschichte einer Begegnung

Die Arche entstand 1964, als Jean Vanier zwei Männern mit geistiger Behinderung, Raphaël Simi und Philippe Seux, vorschlug, sein Leben zu teilen. Diese Erfahrung zeigte ihm, dass Gemeinschaften mit geistig behinderten Menschen eine Antwort auf deren Sehnsucht nach einem Platz in der Gesellschaft und einem erfüllten Leben sein können.

Das Ziel der Arche besteht also darin, Gemeinschaften zu gründen, in denen Menschen mit geistiger Behinderung und Menschen ohne Behinderung zusammenleben.

Ein Projekt, zu dem alle einen Beitrag leisten

Die Besonderheit der Arche hängt mit den Lebensgemeinschaften in kleinen Gruppen zusammen, die sich in Wohnhäusern in der Stadt oder auf dem Land ansiedeln. In jedem Haus leben sechs bis sieben behinderte Menschen in einem familiären Rahmen mit zwei bis drei Helferinnen und Helfern zusammen, die sich entschieden haben, ihren Alltag mit ihnen zu teilen. Ihre Beziehung untereinander beschränkt sich nicht auf das rein Funktionale. Durch die entstehende Kameradschaft und Freundschaft, die auf Gegenseitigkeit beruhenden Beziehungen, können sich die besonderen Gaben der Menschen mit einer geistigen Behinderung entfalten, die wiederum bei Nichtbehinderten zu einer tiefen Wandlung führen können.

Neben den Wohnhäusern gibt es Werkstätten, den sogenannten Förderungs- und Betreuungsbereich, wo die Fähigkeiten der Menschen mit geistiger Behinderung sich entwickeln können und ihre Integration gefördert wird.

Ein grenzüberschreitendes Projekt

Die Föderation der Arche umfasst in Frankreich 25 Vereine mit insgesamt 31 Gemeinschaften, in denen etwa 2100 Menschen leben, darunter 1100 mit geistiger Behinderung. Diese Gemeinschaften folgen den in der Charta der Arche zusammengefassten Werten und gehören zur Internationalen Föderation der Arche-Gemeinschaften. Letztere vereint unter ihrem Dach derzeit rund 140 Gemeinschaften in 40 Ländern auf allen Kontinenten.

In Deutschland existieren drei Arche-Gemeinschaften, in Tecklenburg, Landsberg am Lech und Ravensburg. Wenn man die Gemeinschaften in Tirol, Österreich und die Arche Im Nauen, Schweiz dazuzählt, sind es fünf deutschsprachige Gemeinschaften, in denen über 70 Menschen mit einer geistigen und zum Teil körperlichen Behinderung betreut und gepflegt werden. Ebenso viele Freiwillige und Mitarbeiter leben und arbeiten in den Gemeinschaften. Sie verknüpfen Fachkompetenz mit wertebezogenem, persönlichem Engagement und geben ein Beispiel für diakonisches und karitatives Handeln. Jedes Jahr empfangen die Gemeinschaften junge Freiwillige, die für ein Jahr mit in der Arche leben. Zudem engagieren sich jährlich über 100 junge Deutsche als Freiwillige in der Arche im Ausland, z. B. in Kanada, Frankreich oder Indien. Dieses Engagement prägt ihr Leben nachhaltig.

Die Arche in Deutschland und Österreich ist christlich-ökumenisch ausgerichtet.

Wenn Sie mehr wissen oder uns unterstützen wollen:
www.arche-france.org
www.arche-deutschland.de

SIMON DE CYRÈNE

Der Verein Simon de Cyrène errichtet und betreibt sogenannte *maisons partagées* (wörtlich »geteilte Häuser«), in denen Menschen, die aus unterschiedlichen Gründen behindert sind (infolge von Gehirnverletzungen, Schädeltraumata, Schlaganfällen o. Ä.), mit Nichtbehinderten zusammenleben und eine freundschaftliche und solidarische Beziehung miteinander pflegen.

Dank der Fortschritte der Intensivmedizin überleben in Frankreich jedes Jahr 10 000 Menschen Verkehrs- und Sportunfälle beziehungsweise Hirnschläge. Nachdem sie monatelang im Koma gelegen und eine Behinderung davongetragen haben, ist ihr Leben komplett verändert. Häufig fühlen sie sich orientierungslos, haben keine Arbeit mehr … vor allem aber drohen sie den sozialen Anschluss zu verlieren und zu vereinsamen. Sie stehen vor der schwierigen Frage: »Welchen Sinn kann ich künftig meinem Leben geben?«

Eine innovative Antwort

Der Verein Simon de Cyrène, von behinderten Menschen und ihren Angehörigen ins Leben gerufen, bietet – basierend auf der Überzeugung, dass der Sinn des Lebens in der freiwilligen Beziehung zum anderen liegt – eine innovative Antwort. Wir gründen und betreiben Lebensgemeinschaften, Orte, an denen Menschen mit und ohne Behinderung zusammenwohnen. Um »zu Hause leben zu können, ohne allein zu sein«, verfügt jeder Bewohner über sein eigenes kleines Reich in den großen Wohngemeinschaften in Häusern beziehungsweise Apartments.

»Der Wert eines Menschen lässt sich nicht nur an seiner Tüchtigkeit oder an seinen Leistungen ermessen. Er hat auch viel mit der Fähigkeit zu tun, sich auf andere einzulassen.«

Arbeitsgruppe »Lebensplanung«

Einen neuen Sinn finden

In diesen Häusern oder Wohnungen entwickelt sich nicht nur eine Gemeinschaft zwischen den Bewohnern mit und ohne Behinderung, sondern auch mit dem Viertel, in dem die Wohngemeinschaft sich befindet, mit der Außenwelt. Wenn wir unsere Angst vor der Verschiedenheit überwinden, wenn wir unsere Schwächen vereinen, dann kann das Leben einen neuen Sinn bekommen und wieder heiter, zärtlich und tiefgründig sein.

»Es ist ein schwerer Schock, plötzlich behindert zu sein. Darauf folgen sehr bald Zurückgezogenheit und Vereinsamung: Das ist am schlimmsten. Bei Simon de Cyrène kann ich mir langsam, Schritt für Schritt, ein neues Dasein aufbauen, kann an gemeinsamen Aktivitäten teilnehmen, mich auf feste Beziehungen einlassen. Für mich ist es wie eine Familie ...«

Jeanne, Bewohnerin seit 2010

»Was mich an dieser Erfahrung am meisten überrascht, sind die Bewohner, sie machen mir Lust, hierzubleiben. Ich fühle

mich wohl bei ihnen. Ich mag unsere Beziehungen, die auf Gegenseitigkeit beruhen, sie hören mir genauso oft zu wie ich ihnen.«   Annie, Freiwillige (FSJ)

Wenn Sie mehr wissen oder uns unterstützen wollen:
www.simondecyrene.org

DAS FREIWILLIGE SOZIALE JAHR:
EINE ERFAHRUNG FÜRS LEBEN

Im Rahmen des freiwilligen sozialen Jahrs bieten die Arche und Simon de Cyrène jungen Erwachsenen die Möglichkeit, mehrere Monate lang das Leben von Männern und Frauen mit Behinderung zu teilen. Die Freiwilligen leben in der Hausgemeinschaft und nehmen am täglichen Leben teil, so dass die behinderten Bewohner sich wirklich »zu Hause« fühlen. Unter Anleitung des Personals helfen sie den behinderten Menschen im Alltag (tägliche Pflichten, Begleitung außerhalb des Hauses, Haushaltsführung …) und stehen diesen zur Seite. Sie nehmen an ihrem täglichen Leben und allen Aktivitäten teil.

Eine fruchtbare Erfahrung für die Bewohner

In den Lebensgemeinschaften spielen die Freiwilligen eine große Rolle, da das Leben der behinderten Menschen aufgrund der gegenseitigen Beziehungen mit ihrer Hilfe eher einem »normalen« Leben ähnelt als einem Leben in einer Einrichtung. Die Bewohner wissen die Energie, Spontaneität, Großzügigkeit und Anteilnahme der großen Mehrzahl dieser jungen Menschen ganz besonders zu schätzen. Ihre Anwesenheit trägt dazu bei, Leben in den Alltag der Menschen mit Behinderung zu bringen, sie sind eine Quelle der Freude, von Vitalität und Dynamik.

Eine grundlegende Erfahrung für die jungen Menschen

Die Freiwilligen lassen sich auf zwischenmenschliche Beziehungen ein, die auf Verschiedenheit und Verletzlichkeit beruhen, und lernen so zu begreifen, was soziale Bindung bedeutet. Sie nehmen die Behinderung auf eine andere Weise wahr und entwickeln eine Sicht der Gesellschaft, die auf Konsens, Verständigung und Verantwortung beruht. Für die jungen Menschen ist es eine Zeit, in der sich ihr Berufswunsch herauskristallisiert und ihre Persönlichkeit sich entwickelt.

Wer als Freiwilliger zur Arche oder zu Simon de Cyrène kommt, lässt sich auf unerwartete Begegnungen ein, die ihn vielleicht verwandeln werden.

Eine anregende Erfahrung für die Einrichtungen

Für die Einrichtungen selbst bedeutet die Aufnahme von Freiwilligen einen »frischen Blick«. Manches wird in Frage gestellt, da Menschen hinzukommen, die die Dinge von außen betrachten. Das gibt der Kreativität und allgemein den Teams neue Impulse, der Blick auf Menschen und Situationen wird immer wieder geschärft.

Wenn Sie mehr wissen wollen:
www.arche-volontaire.org
www.simondecyrene.org/personnes-handicapees/
   le-volontariat-service-civique-a-simon-de-cyrene-
   cest.html
www.pro-fsj.de

Deutsche Freiwillige können in den Arche-Gemeinschaften ein FSJ über eine Vermittlungsorganisation wie der Bund der Katholischen Jugend (BDKJ) absolvieren. Das FSJ beginnt in der Regel im August/September und dauert ein Jahr. Bewerbungen können direkt an die jeweiligen Gemeinschaften gesendet werden. Gerne gibt die Ansprechpartnerin auf nationaler Ebene weitere Auskunft:

Astrid Froeb: **region@arche-deutschland.de**

Millionen von Kinobesuchern haben in dem Film *Ziemlich beste Freunde* die Geschichte von Philippe Pozzo di Borgo kennengelernt. Und damit noch etwas mehr erfahren: nämlich dass Menschen mit Behinderung Menschen sind wie du und ich. Sie haben Wünsche, Träume und Sorgen, man kann Spaß mit ihnen haben, und sie können nerven. Mit dieser Botschaft hat der Film allein in Deutschland 8,5 Millionen Kinobesucher erreicht. Mehr als ein Zehntel der deutschen Bevölkerung hat also auf unterhaltsamstem Weg einiges über das Miteinander von Menschen mit und ohne Behinderung erfahren und darüber, wie bereichernd solch eine Beziehung für beide Seiten sein kann.

In diesem Buch gehen die Autoren Philippe Pozzo di Borgo, Jean Vanier und Laurent de Cherisey noch einen Schritt weiter. Auf sehr persönliche Weise erzählen sie von ihren Erfahrungen, von ihrem Engagement für die Gesellschaft. Wie ein roter Faden durchzieht der Appell an den Leser, sich persönlich auf Menschen mit Behinderung einzulassen und Verschiedenheit zu akzeptieren, das Buch … Diese Aufgabe wollen die Autoren nicht allein dem Staat und den Institutionen überlassen. Sie wollen vielmehr ihre Mitmenschen auffordern und ermuntern, die Begegnung mit Menschen mit Behinderung zu suchen. Nur dann, davon sind Pozzo di Borgo, Vanier und de Cherisey überzeugt, haben wir es selbst in der Hand, den Umgang mit Behinderung zu gestalten.

Konkrete Rahmenbedingungen für solche Begegnungen, für Austausch und Unterstützung sind wichtig, denn sie können über Erfolg und Misserfolg von Initiativen entscheiden. Die Aktion Mensch, Deutschlands größte private Förderorganisation im sozialen Bereich, hat jahrzehntelange Erfahrung darin, den passenden Rahmen für viele Formen des Engagements zu schaffen. Der Verein Aktion Mensch e.V., dessen Mitglieder die sechs Spitzenverbände der Freien Wohlfahrtspflege und das Zweite Deutsche Fernsehen sind, hat seit seiner Gründung im Jahr 1964 Projekte der Behindertenhilfe und -selbsthilfe sowie der Kinder- und Jugendhilfe finanziell unterstützt: mit bis heute mehr als drei Milliarden Euro. Ermöglicht haben dies die rund 4,6 Millionen Mitspielerinnen und Mitspieler bei unserer Lotterie. Sie setzen nicht nur auf ihren persönlichen Gewinn, sondern bieten auch anderen eine Perspektive.

Wesentlicher Bestandteil individuellen Lebensglücks ist das Miteinander – am Arbeitsplatz, in der Freizeit, beim Wohnen. Hier fördert die Aktion Mensch innovative Projekte wie Übersetzungsbüros für Leichte Sprache, Beratung zum Persönlichen Budget, Trainings zur beruflichen Selbstständigkeit, gemeinsame Ferienfreizeiten von Jugendlichen mit und ohne Behinderung oder die Schaffung von gemeindenahen Wohneinrichtungen.

Leitidee unserer Projektförderung ist die Verwirklichung einer inklusiven Gesellschaft. Hinter der sperrigen Vokabel »Inklusion« verbirgt sich etwas, was (in hoffentlich nicht allzu ferner Zukunft) selbstverständlich sein wird: dass alle Menschen, ob mit oder ohne Behinderung, gemeinsam am Leben der Gesellschaft teilhaben. Jeder einzelne Mensch trägt seinen Teil zum Reichtum der Gesellschaft bei. So verstehen wir Inklusion, dafür setzen wir uns ein. Unsere neue Aufklärungskampagne vermittelt auf Plakaten, in Anzeigen und online diese Überzeugung: Inklusion heißt anerkennen, dass Verschiedenheit normal ist und auch Menschen mit Behinderung ihren Platz in der Mitte der Gesellschaft haben.

Aus heutiger Sicht ist eine inklusive Gesellschaft noch eine Utopie. Aber sie hat starken Rückhalt bekommen: 2009 hat Deutschland die UN-Behindertenrechtskonvention ratifiziert. Diese Menschenrechtskonvention setzt hohe Ziele, denn sie regelt die Rechte von Menschen mit Behinderung erstmals umfassend und zukunftsorientiert. Hieraus lassen sich Ansprüche ableiten, zum Beispiel auf Barrierefreiheit im öffentlichen Raum, auf gemeinsamen Schulbesuch, auf gleichberechtigten Zugang zu einem offenen Arbeitsmarkt. Diese Anforderungen werden zurzeit bei weitem nicht erfüllt. In Deutschland besteht ein gewachsenes System aus Förderschulen, Werkstätten und Heimen. In diesem System ist gute Arbeit geleistet und vieles zum Positiven verändert worden. Die heute oft kritisierten Förderschulen beispielsweise waren einmal ein gewaltiger Fortschritt gegenüber Zeiten, in denen Kindern mit Behinderung der Schulbesuch verwehrt war. Heute werden Sondereinrichtungen nicht mehr als zeitgemäß betrachtet. Doch auch im Interesse der Menschen mit Behinderung kann man nicht alles von einem Tag auf den anderen verändern.

Aber das System kann sich entwickeln und öffnen, und die Aktion Mensch fördert die vielen engagierten Menschen, die sich entschlossen haben, in ihrem jeweiligen Lebensumfeld an der Gestaltung einer kooperativen und vielfältigen Gesellschaft mitzuarbeiten.

Ausgebildete und kompetente Mitarbeiterinnen und Mitarbeiter in der Behindertenhilfe sind weiterhin unverzichtbar. Inklusion jedoch ist eine Aufgabe, die nicht nur die Profis angeht. Hilfe bei den Hausaufgaben, einen Einkaufsbummel oder gemeinsame sportliche Aktivitäten kann sich jeder zutrauen: Mitschüler, Nachbarn, Vereinskollegen. Deshalb setzt sich die Aktion Mensch mit ihrem neuen Förderprogramm »Inklusion« und ihrer Förderaktion »Miteinander gestalten« ganz gezielt für Projekte ein, in denen auch Menschen außerhalb der Behindertenhilfe und -selbsthilfe mitmachen. Gerade Kinder und Jugendliche sollen aus diesen Begegnungen lernen, wie leicht es doch ist, ziemlich beste Freunde zu werden!

Vielleicht haben ja auch Sie eine Idee für ein Projekt, mit dem Inklusion gelebte Wirklichkeit werden kann? Die Förderung der Aktion Mensch berät Sie gerne über Möglichkeiten einer finanziellen Unterstützung. Oder haben Sie Zeit, sich für andere zu engagieren? Dann finden Sie bestimmt in unserer Freiwilligendatenbank ein Projekt in Ihrer Nähe, bei dem Sie sich einbringen können. Und wenn Sie momentan keine Zeit für eigenes Engagement haben, uns aber doch unterstützen wollen, dann finden Sie bei unserer Lotterie bestimmt das richtige Los für sich. Denn ob Loskauf oder persönlicher Einsatz: Das Wir gewinnt.

www.aktion-mensch.de

Philippe Pozzo di Borgo
Ziemlich beste Freunde
Die wahre Geschichte
Aus dem Französischen von
Bettina Bach, Dorit Gesa Engelhardt
und Marlies Ruß
Band 19603

Mit ihrer tiefen Menschlichkeit und ihrem lebendigen Humor
bewegte die Geschichte einer ungewöhnlichen Freundschaft
Millionen von Kinozuschauern. In seinem autobiographi-
schen Bericht erzählt Philippe Pozzo di Borgo, wie ein tragi-
sches Unglück seinem gewohnten Leben ein plötzliches Ende
setzte – und wie es ihm gelang, querschnittsgelähmt ein zwei-
tes Leben zu beginnen. Ein großartiges Mutmachbuch.

»Ein grandioses Buch über die Liebe,
über den zweiten Atem und über die Gnade.«
ARD, druckfrisch

Das gesamte Programm gibt es unter
www.fischerverlage.de

Rachel Joyce
**Die unwahrscheinliche Pilgerreise
des Harold Fry**
Roman
Band 19536

Der unvergessliche Roman,
der die ganze Welt erobert hat.

Eigentlich wollte er nur zum Briefkasten. Dann geht er
1000 Kilometer zu Fuß. Von Südengland bis an die schotti-
sche Grenze – eine Reise fürs Leben, eine Geschichte von
Tapferkeit, Betrug, Liebe, Loyalität und einem ganz un-
scheinbaren Paar Segelschuhen.

»Am Ende dieses Buches habe ich mich wie
verzaubert gefühlt.«
Christine Westermann, WDR 2 Bücher

Fischer Taschenbuch Verlag

*»Das beeindruckende Zeugnis eines
Lebens, in dem die Behinderung zur Quelle
von Inspiration und Stärke wird.«*

Philippe Pozzo di Borgo

Pamela Pabst arbeitet in ihrem Traumberuf – als erste von Geburt
an blinde Strafverteidigerin in Deutschland. Mit Leidenschaft und
einer bemerkenswerten Selbstverständlichkeit hat sie dieses Ziel
verfolgt. So schickten ihre Eltern sie auf eine gewöhnliche Grund-
schule und später auf ein Gymnasium – zu einer Zeit, als das Konzept der Inklusion, des Zusammenlebens von Menschen mit und
ohne Behinderung, noch keine gesellschaftliche Relevanz hatte.
Offen und ohne jede Larmoyanz gewährt Pamela Pabst Einblick
in ihr Leben und ermutigt alle – Sehende wie Nichtsehende –,
konsequent ihren eigenen Weg zu gehen.

208 Seiten. Gebunden

www.hanser-literaturverlage.de